Uma vida de arcadas e dedilhados

Uma vida de arcadas e dedilhados

- NATAN SCHWARTZMAN -

2010

1a Edição

Uma vida de arcadas e dedilhados

Coordenação Editorial – May Parreira e Ferreira
Capa e Projeto Gráfico – Marcela Fontes
Editoração – Renata Senna
Fotos – Arquivo pessoal do autor

Dados Internacionais de Catalogação na Publicação (CIP)
(Câmara Brasileira do Livro, SP, Brasil)

Schwartzman, Natan

Uma vida de arcadas e dedilhados
São Paulo : Ofício das Palavras Editora, 2010.
Inclui dois CDs.

1. Schwartzman, Natan 2. Violinistas - Brasil
Autobiografia I. Título.

ISBN 978-85-60728-21-3

09-07862 CDD-787.2092

Índices para catálogo sistemático:
1. Violinistas brasileiros: Vida e obra 787.2092

Ofício das palavras editora e estúdio literário

R. Guararapes, 680 – Brooklin
04561-000 – São Paulo – SP
Tel.: 55 11 3473-7674
www.oficiodaspalavras.com.br
contato@ oficiodaspalavras.com.br

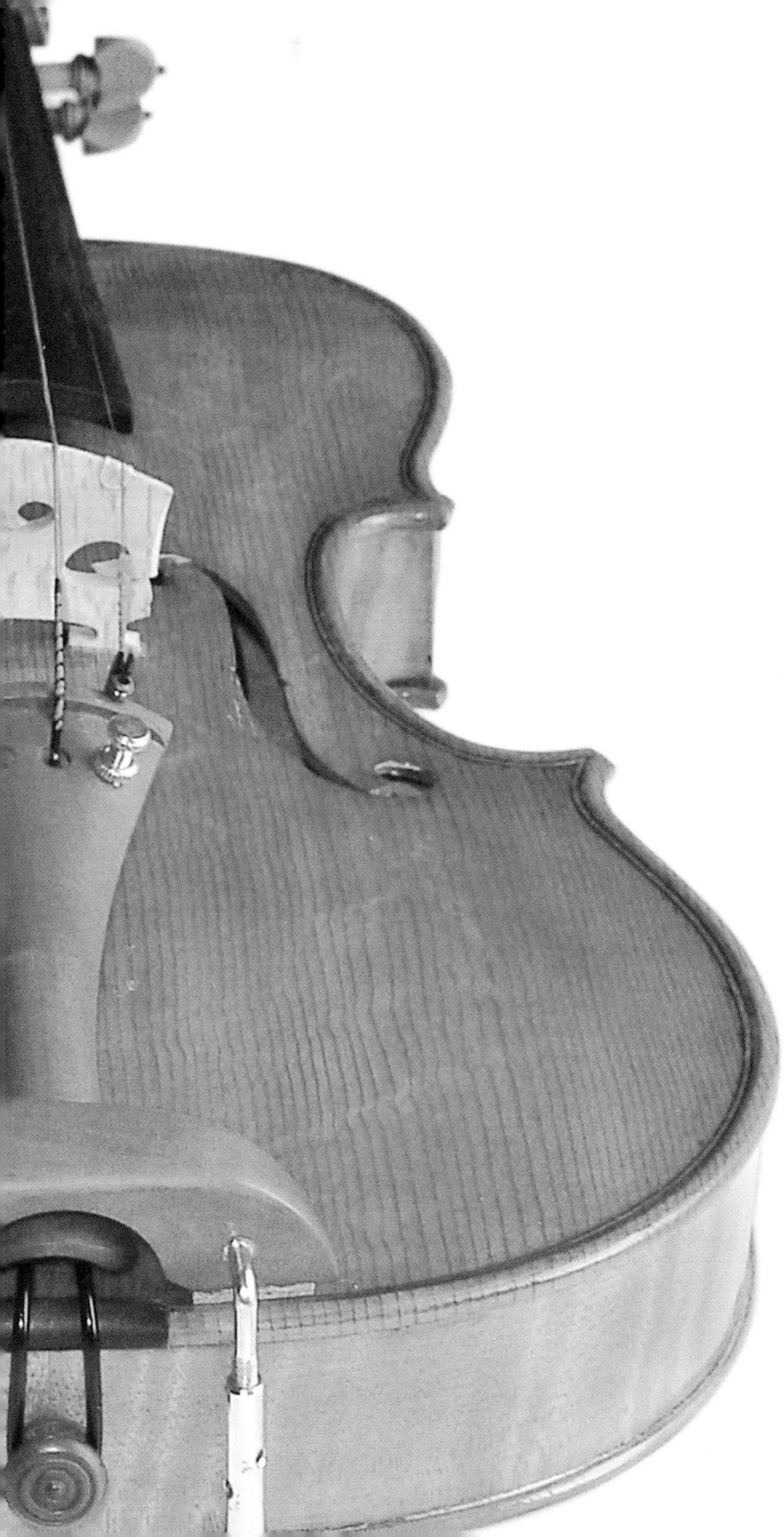

A elegância é a arte de não se fazer notar,
aliada ao cuidado sutil de se deixar distinguir.
Paul Valerie

Sumário

Apresentação

O Natan é, antes de tudo, o cara

Conheço Natan há 76 anos. Quando nasci, ele já estava com quatro anos. Eu era gordinho, e comemorava cinco meses de hospedagem na casa da mamãe. Um dia, deitado em berço quase esplêndido, senti que alguém me puxava para fora do berço. Era o Natan. Meus olhos traduziam medo e buscavam proteção da mãe que naquele instante fazia *koklétn* para o jantar do papai. Ela me conta que me viu no ar, prestes a me desafinar no chão de cimento, sem uma única almofada para amortecer minha provável queda e, pior, sem qualquer convênio médico.

Salvo, dei uma mamada e fui dormir. Isso eu sabia fazer muito bem, conta ela.

Essa historinha minha mãe repetiu várias vezes, e ríamos todos na doce e saudosa Niterói.

Esse gesto de um puxar o outro para perto de si repetiu-se pela vida. Natan me preparou aos dez anos de idade para o vestibular de teoria musical na Escola Nacional de Música, na Lapa. Passei e era o aluno mais novo da classe, ainda de calças curtas. Anos mais tarde, tocando piano com muito engenho e pouca arte, me realizei no palco do Teatro Ginástico, no Rio, acompanhando Natan na dificílima Zingaresca, de Sarasate. Ele, já talento reconhecido ao violino, e eu, já abusado, ao piano. Eu era estudante de Direito e namorava o jornalismo. Em dado momento, com o teatro lotado, embriagado pelo sucesso, aumentei o andamento das Árias Ciganas, o que obrigava o Natan a tornar mais rápida as diabruras que Sarasate compôs. Se eu fazia a coisa mais ligeira, Natan era obrigado a dobrar sua velocidade. Foi um show de técnica explícita, com Natan vencendo os compassos com a velocidade que nem

Sarasate acreditaria. Aplausos ensurdecedores. Saí do palco me achando. Ao entrar no camarim, Natan pousa sua mão carinhosa no meu ombro e diz, como um juiz dando a sua sentença:

- Você será um grande... - faz uma pausa proposital, longa.

E completa:

- ...jornalista!

Tudo que sei hoje sobre violino e violinistas devo ao meu irmão.

No escuro do quarto no bairro operário de Barreto, em Niterói, brincávamos de formar times de futebol com nomes de violinistas. Se o Natan citava um, eu teria que dizer outro. Coisas desse tipo com artistas daquela época: Jascha Heifetz, Yehudi Menuhin, Nathan Milstein, Mischa Elmann, Ricardo Odnoposoff, Ruggero Ricci, Christian Ferras, Efrem Zimbalist, Isaac Stern, Itzhak Perelman, David Oisrtrahk, Michael Rabin, Arthur Grumiaux, Henryk Szering, Erica Morini, Igor Oistrahk, Leonid Kogan, Joseph Szigetti, Zino Francescatti, David Nadien, Fritz Kreisler e já estavam surgindo Salvatore Accardo e Ann Sophie Mutter, além de outros menos votados.

Sobre Jascha Heifetz, Natan sabia tudo, com detalhes.

Acho que só desconhecia o número de seu passaporte quando desembarcou em Nova Iorque, aos 16 anos de idade, em 1917, quando começou a surpreender o mundo.

Natan, aos 17 anos, saiu de Niterói e foi estudar na famosa Juilliard School, de Nova York. Estudou muito, pesquisou dedilhados personalíssimos e chorava, nas cartas, de saudade da família distante. A escola abriu concurso para escolher o violino *spalla* de sua principal orquestra. Natan inscreveu-se.

Com ele inscreveram-se também russos, americanos e canadenses.

Estávamos, uma noite, reunidos em torno do rádio, como era costume, para ouvir o Repórter Esso, às oito e vinte e cinco, na Rádio Nacional. E de repente, na voz do locutor Eron Domingues, a notícia que sacudiu a todos nós:

- Nova Iorque, urgente. O violinista brasileiro Natan Schwartzman acaba de vencer o concurso para violino *spalla* da Juilliard, a mais importante universidade musical dos Estados Unidos!

Não é preciso dizer que a emoção tomou conta de todos nós. Minha mãe chorava. Meu pai não conseguia dizer palavra, abraçado à minha irmã. O telefone começou a tocar. O bairro inteiro veio dar parabéns ao seu Jayme e dona Anna, que moravam na casinha número 14, da pequena Praça Enéas de Castro, no Barreto inesquecível. Natan passou a ser "o cara".

Até hoje, quando ele completa os seus primeiros oitenta anos.
Que Deus continue abençoando-o.

Salomão Schvartzman
Fevereiro de 2010

Nas asas da Panam eu voava em direção ao meu futuro. Ano de 1947. Vinte e nove horas de voo do Rio de Janeiro a Nova Iorque, escalas em Belém do Pará e San Juan de Puerto Rico. Vinte e nove horas para pensar em tudo que me havia acontecido até ali e fazer os planos para tudo que viria depois. Eu teria, sim, uma vida inteira dedicada à música, ao violino.

1930 - 1939 - Dó

A quietude

Para falar do violino em minha vida, preciso contar um pouco da história de meu pai, que nasceu na Bessarábia, em 1908. Quem assistiu ao filme "O Violinista no Telhado" poderá localizar, com facilidade, as vilas judaicas no início do século vinte, na Romênia. Com desfile de carroças, ciganos com violino em punho, tocando suas "czardas". Meu pai se impressionava com o que via e ouvia, queria estudar e tocar o difícil instrumento, porém faltava ao meu avô condições econômicas necessárias à realização de seu desejo. Com 19 anos meu pai, Jayme, embarcou como imigrante de terceira classe para o Brasil, no ano de 1927. Minha tia, irmã de minha mãe, havia chegado ao Brasil dois anos antes, já casada. Meus tios apresentaram meu pai à minha mãe, Anna e eles se casaram 1929. Tenho dois irmãos mais novos, Salomão e Bella.

Meu pai resolveu ficar em Niterói, onde havia mais possibilidades de trabalho, e em 1930, nasci em 28 de fevereiro. Por algum motivo que desconheço, meu pai me registrou no dia 08 de março.

Na quietude daqueles tempos, com oito anos, o menino é surpreendido certa manhã com a chegada de um professor de violino, trazido pelo pai. O Sr. Egídio de Oliveira batia de porta em porta indagando se alguém gostaria de estudar violino. É claro que Natan não tinha a menor vontade, mas queria agradar ao pai, que muito inteligente presenteava-o com gibis em troca de boas aulas.

Com o professor Egídio, o garoto começou a estudar os rudimentos do violino, com um pouco de teoria e solfejo. No ano seguinte, o pai, animado com o seu progresso,

Natan com os pais aos três anos de idade

leva-o para estudar no Conservatório de Niterói, junto ao Teatro Municipal na Rua 15 de Novembro, com a professora Maria de Lourdes. Antes dos dez anos, o pequeno Natan já é o terceiro violino na Orquestra do Conservatório.

Aluno aplicado, um dia no meio do ensaio orquestral começa a tocar uma oitava acima do que está na partitura. O maestro Felício Toledo para a orquestra e pergunta por que estava tocando daquela maneira. Muito sem graça responde que achava a partitura do 3º violino fácil demais. Como prêmio ou castigo, o maestro coloca-o no 2º violino e, é claro, assusta-o muito, pois a partitura é bem mais difícil. Em toda orquestra existe uma ordem, o segundo violino é quem acompanha o primeiro. Na realidade não existe terceiro violino, era um arranjo do maestro para que os principiantes pudessem compartilhar a execução musical.

Com dez anos, Natan ganha um prêmio de duzentos mil réis, oferecido pelo Conservatório, ao aluno que mais se destacasse durante o ano. Ele já tocava Kreutzer e Sevcik, e isso deixava o pai muito satisfeito. Tão satisfeito que, ao invés de ficar com o dinheiro, destinou-o à segunda aula semanal. O menino ainda não estava totalmente dedicado ao violino, mas estudava escalas e métodos necessários para se desenvolver.

Os amigos vinham me chamar para jogar futebol, achavam engraçado eu dizer que não podia, que tinha de estudar. Não é que eu preferisse o estudo, o fato é que eu tinha muita vontade de agradar meu pai, que fazia de tudo para nos dar uma boa educação, a vida da qual ele fora privado.

Os irmãos Salomão e Natan

Niterói, 1935

1940 - 1949 - Ré

A paixão primordial

Aos 12 anos, conheço o professor Edgardo Guerra, do Conservatório do Distrito Federal (na Av. Rio Branco em cima do Jornal do Commércio, no RJ), que havia estudado na Europa com Fernando Arbós. Foi então, sem saber muito o porquê, veio súbita a paixão pelo violino, a mesma paixão que perdura até hoje.

Com o professor Guerra fiquei dois anos. Comecei a frequentar os concertos, especialmente os Concertos para a Juventude, do Cine Rex, no Rio de Janeiro. As estações de rádio estavam sempre sintonizadas em música clássica, tais como a Rádio Ministério da Educação, Jornal do Brasil e Roquette Pinto. Eu ficava extasiado com a música, de Bach a Shostakovich, os solos de violino de Heifetz, Menuhin, Kreisler, Stern e os de piano por Horowitz, Brailowski e Rubinstein.

Aos treze anos, segundo o rito judaico, o menino faz o *bar mitzvah*, significando a passagem para a vida adulta. Por coincidência a paixão pela música acontece nessa mesma época. Talvez tenha sido aqui, que Natan soube que conhecendo melhor o instrumento, seria ele o seu passaporte para a vida adulta e para a independência.

Natan aos dez anos

Os grandes violinistas brasileiros eram Vicente Barraca, Oscar Borgerth e Peri Machado. Em Niterói tive três ótimos colegas de violino dos quais sempre me lembro: Perside Leal, Zanoé Peixoto e José Albuquerque Magalhães.

Em 1943, Menuhin veio tocar no Rio. Meu pai comprou ingresso para mim, na época, 77 mil réis a poltrona. Ele conseguiu um lugar na galeria dando uma gorjeta de 10 mil réis. Havia um homem que comprou um camarote e assistiu ao concerto em uma cama portátil, com um espelho refletindo Menuhin. Disse a meu pai que queria ver Mehunin de perto, e fui atendido. Fiquei olhando para ele, embevecido, a um metro de distância.

Conservatório de Niterói, 1940

Aos 14 anos, após me ouvirem tocar o "9º Concerto", de Beriot, meus conhecidos Jayme e Hélio Bloch aconselharam-me o estudo com a grande mestra Paulina d'Ambrosio. Jayme e Hélio eram irmãos do pediatra e fonólogo Pedro Bloch, que também escrevia peças para teatro, com o sucesso "As mãos de Eurídice".

Fiquei três anos com a professora Paulina d'Ambrosio na Escola Nacional de Música do Rio de Janeiro, localizada na Rua do Passeio, próximo da Lapa.

Com 15 anos, fiz exame de final de ano, com banca examinadora constituída por Oscar Borgerth, Orlando Frederico e mais três professores. Toquei além de estudos a "Zingaresca", de Sarazate. Nas aulas com dona Paulina fiz um grande progresso tocando naturalmente as escalas e alguns golpes de arco, além de sonatas de Haendel, Schubert, Dvorak e os concertos de Beriot e mais um pouco do "2° Concerto" de Wieniawsky.

Em certa ocasião, na residência de dona Paulina (na Rua Cardoso Junior, 69, Laranjeiras), ela sentou-se no sofá e tocou toda a terceira página do terceiro movimento do "2° Concerto" de Wieniawsky. Para mim, foi um deslumbramento: técnica precisa, afinação irrepreensível e spiccato dominado. Jamais esqueci aquela demonstração de técnica violinística. A professora havia feito seus estudos na Bélgica com Cesar Thompson.

Corre o ano de 1946, e Natan nos seus 16, tinha estudado os livros de Kreutzer por completo, Fiorillo, Rode e alguns concertos. Dona Paulina propôs que tocasse seu primeiro concerto em público. No dia 16 de novembro de 1946, no grande salão da Escola Nacional de Música, com os acompanhamentos ao piano de Otto Jordan, o jovem sobe ao palco para tocar um programa sério e bastante difícil: "Concerto n.º1", de Max Bruch, "Introdução e Rondó Caprichoso", de Saint-Saens, "Prelúdio e Allegro", de Kreisler, "Rondó", de Schubert e "Tamborim Chinês", também de Kreisler. O auditório está repleto, toda a imprensa dá ênfase ao jovem violinista. Presentes ao concerto, além de Dona Paulina naturalmente, meus colegas Bernardo Federowsky, Aizik Geller, Adolpho Colker, Flinkas, Ernâni Bordinhão, Hélcio Soares, Emília Neves, Henrique Gandelman, Júlio Drebchinsky, Hermann Mendlovicz e a senhora Alaíde Cintra representando a diretoria da Escola Nacional de Música. O jovem é bastante aplaudido e muito cumprimentado, a aclamação foi grande impulso para a auto-estima do promissor violinista.

Concerto de estreia de Natan acompanhado por Otto Jordan, Escola Nacional de Música, Rio de Janeiro, 16 de novembro de 1946

Diário da Noite 16-11-46

CONCERTO DE UM VIOLINISTA DE 16 ANOS DE IDADE

Hoje, à noite, na Escola Nacional de Musica

Nathan Schwartzman

Hoje, 16 do corrente, às 21 horas, o violinista Nathan Shwartzman realizará um concerto, com o qual fará o seu "debut" para o nosso mundo artistico.

O jovem artista que conta apenas 16 anos de idade e é aluno da professora Paulina D'ambrosso executará o seguinte programa:

1.ª PARTE: Desplanes — Intrada — Pugnani — Kreisler — Prelúdio e Allegro — Max Bruch: Concêrto em sol menor op. 26 — Allegro moderato — Adagio — Finale: Allegro energico.

2.ª PARTE: — Schubert-Friedberg — Rondó — Kreisler — Tamborim Chinês — Francisco Braga — Air de Ballet — Saint-Saens — Introdução e Rondó Caprichoso.

Ao piano: Otto Jordan. A entrada é franca.

Na minha opinião, o maior violinista de todos os tempos foi Jascha Heifetz. Desde criança era assombroso, apesar de ele mesmo não acreditar nessa história de criança prodígio. Eu concordo com ele, é necessário ter talento, bons mestres e uma família que leve a música muito a sério. Com sete anos, Heifetz, tocou em sua cidade o "Concerto" dificílimo de Mendelssohn. Com dez anos queria estudar com o mestre Leopold Auer, que estava em São Petersburgo, mas as autoridades não deixavam que os judeus saíssem das vilas. A permissão foi conseguida com as autoridades da cidade de Vilnius, na Lituânia, por muita insistência dos professores e porque o pai de Heifetz se comprometeu a ir junto. Com 12 anos tocou o "Concerto", de Tchaikovsky, como solista da Orquestra Filarmônica de Berlim.

Entediado com matemática, física e química, o jovem se tranca no quarto. Com a ponta do lápis faz marcas na madeira da mesa. O pensamento perdido em melodias, dedilhados e arcadas. O pai entra, percebe o desconsolo do filho. Precisa fazer alguma coisa, afinal sente-se responsável. Um tanto hesitante propõe:

- Você fará uma audição para o primeiro grande violinista de fama internacional que vier ao Rio. Se ele disser que você tem talento, deixo-o sair do colégio. Caso contrário, você vai ser engenheiro naval, e não se fala mais nisso!

O rapaz fica paralisado. Seu futuro depende de quatro cordas e um arco. Dedicar-se integralmente ao violino é o seu maior desejo e ele vai fazer todo o possível para realizá-lo.

Esse ano de 1947 nasceu com fatos de enorme importância para minha vida artística. Já havia algum tempo minha professora insistia com meu pai para que eu deixasse o Colégio Brasil, na Alameda São Boa Ventura, no bairro do Fonseca, Niterói, e me dedicasse mais à música. Meu pai queria um filho engenheiro naval, profissão que eu deveria seguir. Apesar de ele gostar muito do que eu havia conseguido até então, era contra a ideia de o filho abandonar os estudos, que eram a sua prioridade. E fez a tal proposta para que eu tocasse para o próximo grande concertista de fama internacional, que viesse ao Rio de Janeiro.

Alguns meses mais tarde, em maio, quando eu já estava com 17 anos, ao chegar em casa, vi meu pai com o jornal aberto sobre a mesa. O dedo indicador apontava para uma notícia.

- É esse aqui. É ele quem vai decidir!

Senti meu estômago sair pela boca. Chegava ao Rio de Janeiro, Zino Francescatti, um dos quatro maiores violinistas do mundo. Seria para ele a minha apresentação. Um calafrio percorre minha espinha. Nós havíamos feito o acordo e eu teria de cumpri-lo. E isso fez com que me dedicasse mais ao estudo.

Como ninguém em casa falava inglês, entramos em contato com a esposa do nosso bom amigo Tabak. Muito gentil ela, de imediato, aceitou a incumbência de marcar um encontro com o célebre Francescatti, o que aconteceu exatamente às 14 horas do dia 17 de maio de 1947, no Hotel Glória. O pianista Arthur Balsam acompanhava Francescatti.

Eu tinha certeza de que essa audiência determinaria o que seria de minha vida: ou a carreira de violinista concertista ou a modorra das aulas de física, química, matemática. Não que me dedicar ao violino fosse mais fácil, foi trabalho diuturno, árduo.

Da pequena comitiva faziam parte o pai, o tio Júlio Kriger, a senhora Tabak e o jovem Natan. Francescatti indicou uma sala onde todos se acomodaram. Natan tira o violino da caixa e o afina. O pianista pergunta se deveria acompanhar e Franscescatti diz não.

O jovem dirige-se ao músico e fala:

- Vou tocar a "1ª Sonata", de Bach.

Depois de ouvir com atenção, Francescatti pede para tocar mais. Natan anuncia:

- Agora o "2º Concerto", de Wieniawsky. Francescatti sorri ao ouvir o nome de Wieniawsky.

Depois da execução, o mestre quer saber o motivo da audição especial. A senhora Tabak, explica toda a situação e a resposta é:

- Se depender de mim a decisão final, é necessário fazer o seguinte: em primeiro lugar, o rapaz sai da escola, ele realmente demonstra talento para o violino; em segundo lugar ele terá que ir à Nova Iorque estudar com meu grande amigo, Ivan Galamian. Posso de imediato, conseguir para ele um desconto na Juilliard School of Music. O que o pai faz?

- É alfaiate.

- Então, diga a ele para fazer dois ternos especiais para o inverno de Nova Iorque. Lá faz muito frio mesmo. Vou entrar em contato com Galamian, para ultimar os detalhes.

Despediram-se agradecendo a gentileza, e voltaram à Niterói. Mãe e irmãos, bastante ansiosos com o resultado da audição, ficaram subitamente silenciosos quando o pai falou que o rapaz precisava ir à Nova Iorque. Além da enorme distância geográfica, Nova Iorque significava dólares. E dólares não constavam do orçamento familiar. Somente pais que levam muito a sério a música fariam todos os sacrifícios para atender as palavras de Francescatti.

Mais tarde, após refletir sobre o episódio, e com a experiência, sei que não precisaria dizer os nomes das músicas, pois ele próprio já deveria sabê-las de cor ao primeiro acorde, e entendi o sorriso que ele deu. Foi um faux-pas de minha parte. E que faux-pas!

Minha passagem foi marcada para o dia 20 de julho de 1947. Niterói – Nova Iorque era um pulo muito grande para um garoto de 17 anos. Viajei com meu tio Julio Kriger, casado com a irmã de minha mãe. Ele tinha um irmão no Brooklyn e dois cunhados, irmãos de minha mãe. Um deles era rabino e tinha PhD pelas Universidades de Berlim e Zurich. Chamava-se Nathan Wasser e tinha 8 filhos, sendo que dois deles morreram na Segunda Guerra. O outro tio, Meyer Wasser, tinha dois filhos, Howard e Sidney, e era proprietário de um pequeno armazém.

No dia do meu embarque, gravei com meu irmão Salomão, as "Danças Ciganas", de Pablo de Sarasate, como lembrança. Lembrança e emoção.

Meus pais e meus irmãos me acompanharam até o aeroporto do Galeão sob intensa emoção, pois todos sabiam que eu não voltaria tão cedo ao Brasil. A despedida de meus pais e irmãos foi extremamente difícil para mim e para eles. Sei que chorei muito,

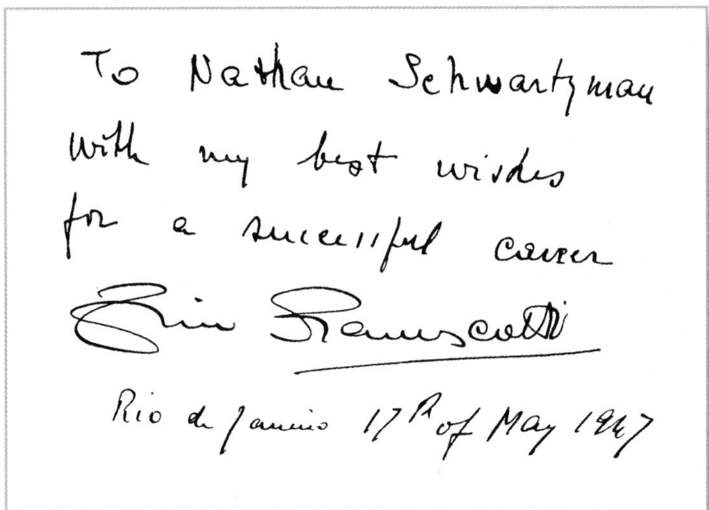
To Nathan Schwartzman
with my best wishes
for a successful career
Zino Francescatti
Rio de Janeiro 17th of May 1947

Dedicatória do grande violinista Zino Francescatti

pois nunca me havia separado deles. Não conseguia acreditar que estava indo embora. Eu Natan, da provinciana Niterói, indo estudar em Nova Iorque.

No aeroporto americano, estava sendo aguardado pelos meus tios Meyer e Kate Wasser. Esse tio esteve no Brasil até eu completar quatro anos, quando partiu para Nova Iorque para ficar com seu irmão Nathan.

Um pouco mais tarde, com toda a família reunida, ficou decidido que eu ficaria na casa do meu tio Nathan, no Bronx. Lembro-me bem do endereço: White Plains Road 1469. A casa pertencia ao meu tio e tinha dois pavimentos: no térreo estava localizada a sinagoga e na parte de cima, os aposentos da família. Dos filhos do tio Nathan, apenas dois moravam com ele, a Lina e o Sam.

Eu já estava há quatro dias em Nova Iorque e já era hora de entrar em contato com o professor Ivan Galamian. Soube que ele residia num apartamento da rua West 73, mas no momento estava em sua casa de campo, em Westport, mais ou menos seis horas de Nova Iorque por trem. Era verão e seus alunos estudavam lá, durante as férias.

Minha prima Lina encarregou-se de entrar em contato com Galamian, que marcou dia e hora para me apresentar em Meadowmount, nome de sua casa de campo. Três dias mais tarde, embarco com minha prima Lina, para Westport. Aprendi, desde então que os trens norte-americanos são simplesmente maravilhosos, rivalizando com os trens franceses e alemães.

Desembarcamos e tomamos um táxi. Ao chegar, ouvi o 1° movimento do "Concerto", de Wieniawsky, muito bem tocado, que me alertou para o nível excelente dos alunos. Esperamos na sala de visitas e de repente, irrompe na sala o grande Galamian.

Feitas as devidas apresentações e a história de minha audição para Francescatti, minha prima Lina, hábil intérprete, Mister G, como era chamado, pediu-me para tocar "anything".

Escolhi o 2º e 3º movimentos do Wieniawsky. Fazendo um sinal que já era suficiente, Galamian disse que Francescatti tinha razão ao dizer que eu tinha talento, mas que era preciso aprimorar a mão direita sem esquecer a esquerda e já marcou minha primeira aula para dois dias mais tarde. Minha prima se despediu e voltou à Nova Iorque. Eu fiquei na casa de campo durante os dois próximos meses. Quando entrei a primeira vez no quarto a mim destinado, olhei para o espelho e perguntei a mim mesmo: "E agora, Natan?"

Na aula, Mister G mostrou-me a importância da correta posição da mão direita e também o relaxamento da esquerda bem como exercícios para tocar o spiccato com leveza e obter o controle de nota por nota em passagens rápidas.

Ivan Galamian com seus alunos. Meadowmount, Westpoint, NY. Agosto de 1948

As aulas com Galamian eram dadas duas vezes por mês, sendo as outras aulas dadas por seu assistente técnico, William Nowinski, que pertencia ao naipe de primeiros violinos da New York Philharmonic Orchestra, na época regida por Mitropoulos.

Como todos os meus colegas em Meadowmount, eu estudava muito, mas muito mesmo. Tudo lá respirava violino. Em determinado dia, ao parar um pouco as escalas, ouvi alguém tocando o "1º Concerto", de Paganini. Fiquei extasiado com a demonstração de tanta técnica e já no começo da cadenza dificílima de Sauret, fui procurar quem estava tocando. Era David Nadien, que estava visitando os colegas em Meadowmount. Fui cumprimentá-lo e apresentar-me. Então ele me disse: - "Mr. G me contou que este ano um brazilian boy vai ter aulas com ele. Parabéns, Natan, saiba que está com um grande mestre". Mais tarde, David Nadien ocuparia o posto de spalla da New York Philharmonic Orchestra.

Lá conheci outro prodígio do violino: Michael Rabin, que aos 12 anos de idade já tocava Wieniawsky, os caprichos de Paganini e o "Concerto n.º1", de Paganini. Acompanhei sua carreira espetacular. Aos 15 ele estreou como solista da New York Philharmonic Orchestra, tocando o "1º Concerto", de Wieniawsky. Assisti a esse memorável concerto, e com o correr dos tempos, adquiri também suas gravações. Aos 36 anos, Rabin faleceu em circunstâncias misteriosas. Falou-se até em drogas, mas até hoje não se sabe a verdadeira razão de sua morte prematura.

Depois de um ano estudando com Galamian, Natan estava preparado para o exame de admissão para a Juilliard School of Music. Estudava de manhã à noite. Não era fácil para os tios e primos suportarem tanto som. Sua prima Lina, para se livrar algumas horas de tanto violino, ia ao cinema. E Natan nas suas folgas ia aos concertos para assistir Heifetz, Menuhin, Kreisler, Franscescatti, Ricci, Milstein, Szigeti, Stern e outros virtuoses, bem como os pianistas Horowitz, Rubinstein e Iturbi, e os violoncelistas Leonard Rose, Piatigorsky. Uma vez foi ao Metropolitan ver e ouvir Arthur Rubinstein homenageando Chopin no centenário de sua morte em 1949. Foi uma noite memorável, não havia um único lugar no Teatro. No Standing Room (de pé), ouviu também o grande Heifetz, seu ídolo, muitas vezes. Numa dessas vezes no Carnegie Hall, Heifetz tocou o concerto de Sibelius, com Dimitri Mitroupolis regendo. No dia seguinte, o jornal The New York Times, em sua sessão musical escrevia: "Heifetz outdoes Heifetz" (Heifetz sobrepuja Heifetz).

No meu primeiro ano na Juilliard (1948), conheci um colega violinista que estudava com Joseph Fuchs. Seu nome é Hugh Ewart. Íamos juntos aos concertos, tocávamos duetos e discutíamos as diretrizes de nossos professores Fuchs e Galamian. Em 1949, ele me disse que ia tentar entrar na orquestra de Portland, cidade perto de Seattle. Havia uma vaga para concert-master (spalla) e ele iria tentar sua sorte. Alguns dias mais tarde me avisa que foi aprovado para o cargo. Fiquei satisfeitíssimo com essa notícia e passamos a nos corresponder com certa frequência.

Meu inglês, que era fraquíssimo quando cheguei, tornou-se tão bom que fazia várias versões para o inglês com muita facilidade. Eu ficava horas depois do estudo de violino, com o dicionário aberto, para decorar o idioma.

Com meus colegas tocava quartetos, quintetos. Não podia trabalhar sem o greencard, e vivia com o dinheiro que meu pai enviava. Nem sei como meus pais faziam para mandar dinheiro para mim e ainda criar meus irmãos em Niterói.

Nova Iorque, dezembro de 1948

Rio de Janeiro, 1949

1950 - 1959 - Mi

Spalla da Juilliard

Início da OSESP

O exame de admissão na Juilliard foi em setembro de 1948. Em 1950, eu estava com 20 anos, três deles em Nova Iorque. Voltei ao Brasil, por duas vezes, enquanto terminava meu curso na Juilliard. Em 1949, aproveitando minha visita ao Rio de Janeiro, toquei o "Concerto", de Mendelssohn opus 64, acompanhado pela Orquestra da Rádio Nacional, sob a regência de Léo Peracchi e mais alguns recitais notadamente o realizado na minha muito amada Escola Nacional de Música, com Alceo Bocchino ao piano. Voltei à Nova Iorque para completar um ano de curso de pós-graduação, também com Fuchs, realizando vários recitais tanto nas rádios americanas como na Pan-American Union, em Washington.

Eu estudava muito e repassava a aula com Nowinski para, só então, ir para a sala de Mister G. Muito mais tarde, em uma de suas excursões, a New York Philharmonic Orchestra fez um programa em São Paulo. O senhor Adolpho Bloch, muito gentil, dono da Manchete, após o concerto ofereceu um primoroso jantar à orquestra e fui rever meu amigo Nowinski. Infelizmente, pouco tempo depois, ao voltar para Nova Iorque, soube que ele faleceu prematuramente.

Natan era frequentador assíduo da biblioteca da Juilliard, para ouvir os grandes mestres. Repetia e repetia os discos e nessa ocasião, vem de estalo em sua cabeça aperfeiçoar-se no tratamento das arcadas e dedilhados para o violino. Trabalhou muito comparando as revisões de Heifetz, Menuhin, Kreisler, Oistrack e inserindo seus próprios dedilhados e arcadas. Isto fez aumentar consideravelmente seu conhecimento violinístico que só lhe trouxe elogios.

O cargo de violino *spalla* da 1ª Orquestra Sinfônica da Juilliard School estava vago. A diretoria técnica da escola abriu um concurso para preenchimento da vaga

Natan Schwartzman e Bernardo Federowski, Nova Iorque, junho de 1950

de *spalla*. Natan se sente apto para concorrer e se inscreve. No dia da prova, foi solicitado pela comissão julgadora que tocasse um concerto. Escolhe o "Concerto n.º 1", de Paganini. Eram dez candidatos. A segunda prova consistia em marcar arcadas e dedilhados na composição "Morte e Transfiguração", de Richard Strauss. Como ele tinha muitas ideias sobre esse assunto, resolveu o problema de imediato.

O resultado chega duas horas mais tarde e indica Natan como vencedor. Não é preciso dizer que ficou radiante. Natan, de Niterói, vence o concurso para *spalla* da Juilliard School. A United Press telefona para a família, antes de mandar a notícia para todo o Brasil. O pai atende e treme nas bases, quando perguntam se tinha parentes em Nova Iorque, imagina o pior, um acidente ou coisa parecida. Consegue balbuciar: - Meu filho está em NY... Ao saber da notícia maravilhosa irrompe em prantos e vai avisar a esposa e filhos. Eles tinham acabado de saber a notícia pelo Repórter Esso.

No concurso para spalla, concorri com iugoslavos, ingleses e americanos. Eu estava bem preparado, não estava nervoso. Toquei o "Concerto", de Paganinni e mostrei porque fazia o dedilhado da primeira página, na peça "Morte e Transfiguração", de R. Strauss, e os professores da banca perguntavam: Por que aqui você toca desse jeito? Por que aqui você usa essa arcada? E eu expliquei uma por uma as questões e fui aprovado. Eu dizia para mim: Está valendo o esforço.

Armando, Natan e Bernardo, Nova Iorque, fevereiro de 1951

Como spalla lembro-me de tocar "D. Juan", de R. Strauss, opus 20, "Sinfonia", de Beethoven e Brahms, "O Pássaro de Fogo", de Stravinsky, Tchaikovsky, além de muitas peças de compositores americanos.

Nos quatro anos que estudei na Juilliard, conheci excelentes professores e mantive contato com Ivan Galamian, Joseph Fuchs e Dethier, violinistas, com o Quarteto Juilliard formado por Robert Mann, Carlyss, Hyllier e Winograd; Leonard Rose, professor de violoncelo e que também dava aulas de música de câmara, do qual eu era aluno, Jean Morel, maestro, Hans Letz, outro excelente professor de música de câmara, Dean Dixon, maestro.

Na Juilliard, havia três Orquestras Sinfônicas: a número um era de calibre altamente profissional; a número dois acompanhava óperas e ballets, e a número três era para os novos alunos que chegavam. Eu queria melhorar mais e sempre, me interessava desenvolver o tratamento das arcadas. Após três anos com Galamian, senti necessidade de estudar com outro professor que me mostrasse outros resultados para os problemas violinísticos. Escolhi Mr. Joseph Fuchs, também da Juilliard, um grande concertista. Com ele estudei Wieniawsky (Escola Moderna), muitas sonatas e concertos incluindo o Sibelius.

Em 1951, no mês de Junho, fiz meu exame de graduação tocando na grande sala de concertos da Juilliard para os professores, não só de violino, mas também de viola, violoncelo e contrabaixo. Toquei uma "Sonata", de Brahms e "La Campanella", de Paganini. Fui aprovado com louvor.

Meus colegas, Gino Sambuco, Eshelman, Chaim Taub, Hugh Ewart, Channing Robbins, Norma Auzin, David Nadien, Berl Senofski, Bruce Hanson, Amnon Levy, Inga Mark, Abraham Shevelov, Sally Thomas, Dick Adams, Morgenstern, Oscar Yatco, Martin Friedman, Tabachnikov, Stuart Sankey e Ramone Dahlberg. Meu conhecimento pessoal ia muito além desses excelentes amigos e colegas. Foi um período difícil, pois todos depositavam esperança em meu talento e eu não podia decepcioná-los. Quando venci o concurso para spalla, senti que todos, incluindo eu mesmo, podiam confiar em mim.

Não posso deixar de mencionar o fato que, após minha audição de graduação, fui abraçado e cumprimentado pelos

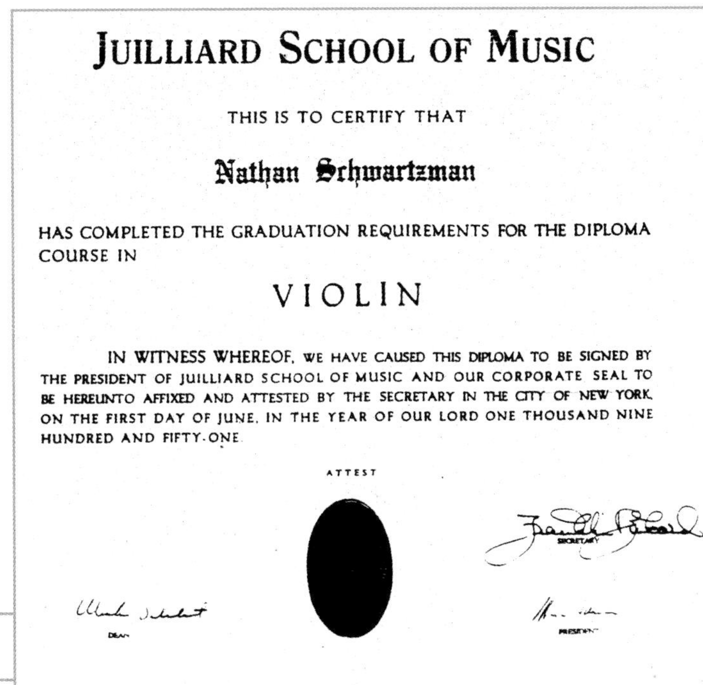

JUILLIARD SCHOOL OF MUSIC

THIS IS TO CERTIFY THAT

Nathan Schwartzman

HAS COMPLETED THE GRADUATION REQUIREMENTS FOR THE DIPLOMA COURSE IN

VIOLIN

IN WITNESS WHEREOF, WE HAVE CAUSED THIS DIPLOMA TO BE SIGNED BY THE PRESIDENT OF JUILLIARD SCHOOL OF MUSIC AND OUR CORPORATE SEAL TO BE HEREUNTO AFFIXED AND ATTESTED BY THE SECRETARY IN THE CITY OF NEW YORK ON THE FIRST DAY OF JUNE, IN THE YEAR OF OUR LORD ONE THOUSAND NINE HUNDRED AND FIFTY-ONE

ATTEST

SECRETARY

DEAN

PRESIDENT

Diploma da Juilliard School of Music, Nova Iorque, 1951

meus colegas Bernardo Federowsky (que estudava regência com Jean Morel), Norma Auzin, Thelma Cantelmo, Myra Kestenbaum, Jesse Ceci, Chaim Taub (um dos melhores professores de violino, mundialmente famoso, que vive em Tel-Aviv, Israel), Gino Sambuco, Martin Eshelman, Sylvia Rosenberg, Ivan Galamian e naturalmente Fuchs.

Os Estados Unidos estavam em guerra com a Coreia do Norte desde junho de 1950. Em 1952, fui chamado ao Departamento de Imigração e informado que o meu visto de estudante já tinha expirado e que o Departamento de Imigração não o revalidaria. Se eu quisesse permanecer nos Estados Unidos conforme pretendia, só mesmo pedindo cidadania americana.

Nessa mesma ocasião, a Embaixada Brasileira em Washington, mandou uma circular para todos os brasileiros em idade militar, que caso aceitassem a cidadania, seriam enviados à Coreia. Para mim seria maravilhoso ficar na América, eu já sabia que teria uma carreira vitoriosa, mas ir para a guerra não estava em meus planos. O departamento de imigração, então, me deu um mês para sair. Voltei ao Brasil no navio S.S. Brasil. Era agosto de 1952.

Tocando na Rádio Nacional

Washington - DC, maio de 1952

Regressando ao Brasil, após ter terminado o curso de pós-graduação da Juilliard School, Natan apresentou-se como solista e recitalista em muitas cidades brasileiras. Neste período atuou pela primeira vez, seguida de muitas outras, como solista da Rádio Nacional do Rio de Janeiro no programa "Festivais G.E." patrocinado pela General Electric e tendo como regente o maestro Leo Peracchi. Participou também no programa "Ondas Musicais" de grande audiência, além de recitais no Rio, Belo Horizonte, Bauru, São Paulo, Niterói, Teresópolis – Associação Brasileira de Imprensa (Rio), Campos de Jordão, Campinas, São José dos Campos, Curitiba, Vitória do Espírito Santo, Ponta Grossa (Paraná), Piracicaba, Petropolis, Porto Alegre, Pelotas, Recife, João Pessoa, Campina Grande, São Luiz, Natal, Salvador, Maceió, Aracaju, Campos, Santos, Ilhéus, Fortaleza.

Eu ficava no Rio de Janeiro durante a semana, na residência dos meus tios Júlio e Rosa e ia para casa dos meus pais, em Niterói, aos sábados à tarde, retornando na segunda-feira pela manhã. Esta foi a maneira que encontrei para não me afastar tanto da família e poder atender aos meus afazeres no Rio. Em abril de 1953, meu bom amigo e colega Bernardo Federowsky, chegando de São Paulo me procurou e informou que tinha inscrito o meu nome no concurso, para o preenchimento de vagas por ocasião da criação da nova Orquestra Sinfônica Estadual, em São Paulo, que seria regida pelo maestro Souza Lima. Aqui surgiu a OSESP.

Uma generosa atitude do Bernardo e no fim de abril, embarquei para São Paulo no trem "Santa Cruz" que fazia o percurso Rio – São Paulo, em oito ou nove horas. Desembarquei domingo à noite, e procurei um hotel nas imediações da Avenida São João. Minha apresentação seria às 11 horas do dia seguinte, na "Sala Schwartzman", (apenas uma coincidência com o meu próprio nome), situada na Avenida Ipiranga, perto da Rádio Gazeta.

Natan acordou cedo, como sempre, fez seus preparativos musicais e saiu para fazer o concurso. Ele se sentia bem física e mentalmente, pressentia um bom dia. A banca examinadora era constituída pelos maestros Eleazar de Carvalho, Souza Lima, Armando Belardi, Camargo Guarnieri, Eduardo Guarnieri, Leon Kaniefski e Bernardo Federovsky. A peça obrigatória era "Dom Juan", de Strauss, e Natan passou por ela, *with flying colours*. Leu também trechos de sinfonias de Brahms e Beethoven. Chamado para a prova final, tocou todo o primeiro movimento com "cadenza" e tudo do

"Concerto", de Tchaikovsky. Após uma hora de deliberações, Natan é escolhido para ser o *spalla* da Orquestra, entre mais de 50 violinistas. As experiências orquestrais como *spalla* da Primeira e Segunda Orquestra da Juilliard ajudaram-no, e muito, a conquistar o cargo na Orquestra Sinfônica Estadual de São Paulo (OSESP) em 1953, tornando-o *spalla* aos 23 anos de idade.

A convite do maestro Souza Lima fui à sua residência para uma taça de champanhe e ter um pouco mais de conhecimento sobre ele, maestro da nova orquestra.

Depois de muito ensaio, a Orquestra Sinfônica Estadual de São Paulo, estava pronta para o seu 1º concerto. Em abril de 1953, estreamos no Teatro Cultura Artística: "Prelúdio e Allegro", de Kreisler, com orquestração do maestro Souza Lima, os concertos para piano e orquestra de Beethoven ("Imperador") e o de Chopin e mais a "4ª Sinfonia", de Mendelssohn. Os solos de piano estiveram a cargo de Alexandre Brailowsky.

O sucesso foi absoluto, mas até aquele momento ninguém poderia imaginar que seria o único concerto da Orquestra Estadual. Uma semana mais tarde, fomos informados que a verba do Estado para a Orquestra era somente para um único mês. Ficamos, todos, muito surpresos. Era uma Orquestra maravilhosa com músicos de primeira linha. Por absoluta incúria dos órgãos competentes nos deixaram a ver navios.

Estreia como solista da Orquestra Sinfônica Estadual de São Paulo (OSESP), Concerto Vieux Temps no. 4, Maestro Souza Lima, 20 de outubro de 1953. Teatro Cultura Artística, São Paulo

Meri, a futura esposa, 1954

A pianista Antonieta Rudge, os maestros Souza Lima e Armando Belardi com Natan, São Paulo, junho de 1953

Curitiba, 23 de março de 1954

Com o desmembramento da Orquestra, seus músicos procuraram outras ocupações. Lembro-me do violista Bela Mori, que foi para o Rio de Janeiro e o também violinista Arnaldo Apostoli, que voltou à Itália para fazer parte do grupo instrumental, "I Musici", famoso no mundo. Eu permaneci em São Paulo e continuei a dar recitais e concertos com orquestra por todo o país. Entre 1953 a 1957, toquei em quase todos os estados brasileiros, quer como recitalista quer como solista. Toquei de norte a sul.

Em 1953, como todo jovem, em meus momentos de lazer, procurava diversão indo a festas e principalmente a bailes, chamados "bola de neve", quando conheci uma jovem encantadora, muito bonita, por quem me apaixonei. Meri terminava o curso de piano no Instituto Musical José Maurício, em São Paulo. Nosso primeiro encontro foi para assistir a grande pianista Magda Tagliaferro, que tocou o "5º Concerto", de Saint-Saens, como solista da Orquestra Sinfônica Municipal. Acho que foi um programa simpático e romântico, pois pouco tempo depois ficamos noivos e nos casamos, em 13 de janeiro de 1957. Tivemos três filhas, Edna, Enira e Silvia.

Em dezembro de 1956, recebi uma carta do British Council, me informando que o comitê londrino se reuniria em fevereiro de 1957 para avaliar os artistas indicados para receberem uma bolsa de estudos na Inglaterra e que meu nome estava incluído na relação.

Concerto no Teatro Municipal do Rio de Janeiro com a Orquestra Sinfônica Brasileira. Solista: Natan Schwartzman sob regência de Eleazar de Carvalho. 3 de abril de 1954.

Realmente, em maio de 1957, recebi outra carta do British Council comunicando-me que fui aprovado e que deveria tomar o navio "Alcântara" em Santos, que sairia no dia 28 de setembro com destino à Southamptom e meu curso em Londres seria orientado pelo professor Max Rostal.

O navio Alcântara foi palco de grande coincidência familiar. Nos anos 30, minha sogra, Dona Bejla viajou da Europa ao Brasil na viagem inaugural do navio. Em 1957 quando embarcamos para Londres, Meri já estava grávida. O navio de volta à Europa estava fazendo sua última viagem.

Representantes do Conselho Britânico me aguardavam em Southampton e providenciaram todos os detalhes para que minha visita a Londres tivesse o maior sucesso. Recebia até o dinheiro que eu pagava para ir aos concertos. Ficamos, minha esposa e eu, alojados em um apartamento na Finchley Road.

Após o concerto, com os pais, irmão e tios

Professor Max Rostal, Londres

No período que passou em Londres, a Prefeitura de São Paulo, por intermédio da diretoria da Orquestra Sinfônica Municipal, concedeu a Natan, além da licença para viajar, a continuação de seus vencimentos normais. Foi uma atitude bastante digna da Prefeitura de São Paulo, pois compreenderam o verdadeiro motivo da viagem à Inglaterra: conhecer mais profundamente os segredos do violino, ministrados pela alta competência do mestre Max Rostal, com quem Natan estudou em 1957 e 1958, e aprendeu a usar uma técnica especial de relaxamento na execução violinística.

No repertório com Rostal, além do "Poema", de Chausson com dedilhados especialíssimos nas passagens realmente difíceis, os concertos de Tartini, "Sonata", de Cesar Franck, "Havanaise", de Saint-Saens e seu "Rondó Caprichoso", "Dança dos duendes", de Bazzini, além de outras peças.

Em 12 de maio, com grande alegria tornei-me pai pela primeira vez, com o nascimento de minha amada filha Edna, em Londres. Tive nesse mês de maio outro motivo de júbilo: meu nome foi escolhido no concurso que fiz na B.B.C. em seus estúdios da Maida Vale como vencedor em 1º lugar e me proporcionando fazer gravações na famosíssima B.B.C. de Londres.

Até irem para Londres, Natan e Meri moravam com pai dela. Uma noite, Arão diz: Natan, quero falar com você. Sentaram-se na cozinha, ele fechou a porta e começou a falar e enrolar. Não chegava ao ponto que queria, não sabia quais palavras usar. Como Natan era muito amigo disse: Arão, fale logo o que está na sua cabeça. O sogro, meio sem graça diz: Bem, o que está na minha cabeça é o seguinte: Eu sou o pai da sua mulher, ela está grávida, vocês vão para Londres... Natan responde sim a todas as afirmações, e o sogro: Eu tenho medo que você queira que ela aborte, para que a gravidez não atrapalhe a viagem e sua carreira, e eu não desejo que isso aconteça, é o que eu peço a você como pai e como sogro. Natan responde: Arão, não precisa se preocupar, não vai acontecer nenhum aborto, não sei de onde você tirou essa ideia. Eles se abraçaram, chorando. Talvez fosse comum na época esperar esse tipo de atitude, para os artistas.

Nossa filha Edna nasceu na Queen Mary Maternity Home, em Hampstead. Entre os inúmeros telegramas que recebi, destaco o do Profº Max Rostal com os seguintes dizeres "Congratulations on your Opus1".

Meri se adaptou bem à cidade, estudava inglês e conseguiu ótimos progressos no idioma. Eu precisava estudar muito, o Conselho Britânico exigia todo mês uma carta de meu professor com prestações de conta do que eu havia estudado, o que eu havia progredido. Quando terminei os estudos me deram mais um ano, tinha também pretensão também de ir à Holanda, mas resolvemos voltar ao Brasil. Realizei alguns recitais e regressei em agosto de 1958, sendo imediatamente reintegrado à Orquestra Municipal de São Paulo. Na orquestra não posso deixar de mencionar meus excelentes colegas tais como: Amadeu Barbi, Antonio Ferrer, Orsini de Campos, Vicente Scramuzza, Dante Migliori, Jorge Salim, Zilda Klein, Ema Klein, Frederico e Clemente Capella, Sbarro, Miguel Caracciolo, Giammarusti, Gianelli, Alberto Marino, Trivoli, Formicola, Scotieri, Bruscatto, Joel Tavares, Guilherme Kruger Neto, Martucci, Liserre, Dora Lobato, Najla Maluf, os violoncelistas Cecília Swarg, Enzo Dal Pino, Varoli, os irmãos Duprat, Peres Dworek, Bela Mori, Nicodemo, Helio Batini, Alfredo Corazza, Guido Bianchi, o timpanista de Lucca, o pianista Alberto Salles, o organista Angelo Camim, as harpistas Elsa Guarnieri e Leda Natal, a redatora musical Judith Cabette, as flautas de Salvador Cortese e de Caria, os oboés de Walter Bianchi e Salvador Mazano, Nabor Camargo, Righi, Oliver Toni, Garini, Mamede, Pedini, Ceccato, Pucci, Gagliardi e Checchia.

Foi um período maravilhoso de minha vida. Os maestros Souza Lima, Belardi, Eduardo de Guarnieri, Camargo Guarnieri, Bernardo Federowsky, Caetano Finelli, Kubala, Oscar Borgeth e uma infindável relação com quem mantive contato. Foi uma felicidade enorme e maravilhosa ter atuado por dez anos na Orquestra Municipal e ter tocado Concertos Sinfônicos, as temporadas de óperas e ballets, isto tudo até 1964. Confesso que nestes dez anos, aprendi muito, mas muito mesmo.

Carl Flesch, um dos mais importantes professores do século passado, fez um livro especial sobre escalas. Não só escalas simples, mas também em cordas duplas, oitavas, décimas, terças, e sextas. Ele fazia um determinado dedilhado, que não impressionava Natan, que queria tocar de outra maneira, fazendo o mínimo de mudanças de posição, empregando extensão do quarto dedo. O professor Rostal havia sido aluno direto de Flesch e concordava com Natan.

Na corda sol, começando na nota dó, ao invés de tocar um dois, um dois, um dois três, quatro; Natan faz: um dois três, um dois três, quatro e extensão. Seguiu esse dedilhado durante toda a vida, pois acha melhor, dá menos trabalho, menos mudança de posição.

Meu irmão, o jornalista Salomão Schvartzman (formado pela Escola de Sociologia e Política de São Paulo), também fez uma carreira brilhante. Ele é bastante conhecido pelo grande público por seus programas musicais, crônicas e bom humor. Em 1977 foi um dos premiados com o Prêmio Esso de Jornalismo, logo após é enviado a uma feira na Alemanha, por coincidência, estava lá o Sr. Adolpho Bloch, que o convidou para ser diretor de A Manchete. Aceitando o convite, Salomão se mudou para São Paulo. Também fez muito sucesso seu programa Diário da Manhã, primeiro na Rádio Cultura e depois na Scalla FM. Atualmente ele é colunista da Band News FM.

A espera da primogênita, Londres, 1958

Natan com a filha Edna no colo, a esposa Meri, Tia Rosa, a irmã Bella e a mãe Anna

As filhas: Edna e Enira

Araraquara – São Paulo, 18 de abril de 1959

1960 - 1969 - Fá

Família e Brasília

No início da década de 1960, Meri me presenteou com mais uma encantadora filha, Enira, um bebê maravilhoso, que nos deixou felizes e orgulhosos.

Em agosto de 1964, o grande compositor brasileiro Cláudio Santoro, nomeado para o cargo de Diretor de Departamento de Música da Universidade de Brasília, me telefonou convidando para ser o primeiro professor de violino e música de câmara da UnB.

Como Brasília ainda estava em seus primórdios, o Reitor Zeferino Vaz, me enviou uma passagem e estada no Hotel Nacional para que eu sentisse a nova capital. Permaneci em Brasília por uma semana e resolvi aceitar o honroso convite. Mudei-me então, de São Paulo para Brasília, já pai de duas meninas, Edna e Enira. A Silvia viria um pouco mais tarde.

Tive muitos alunos nesses cinco anos que passei em Brasília. Toquei em várias embaixadas, atuei como spalla da Orquestra de cordas, tendo Cláudio Santoro como regente.

Certa manhã, em novembro de 1964, apareceu na minha sala do departamento de música da UnB, um emissário de, nada mais, nada menos, que o ajudante de ordens do coronel Golbery (mais tarde, promovido a general), que me convidava a ir ao Palácio do Planalto para uma entrevista. Ao chegar ao Palácio do Planalto, fui encaminhado à sala do coronel Golbery, que me recebeu efusivamente.

Conversaram, Natan e o general, que gostava muitíssimo de Mozart. O principal motivo da entrevista é que o general sabendo da presença do violinista em Brasília, como professor da UnB, pediu que tocasse na recepção que o governo daria aos dignitários de outras nações, seriam vinte minutos com obras dos compositores do país dos visitantes e vinte minutos com obras de compositores brasileiros. Natan aceitou o convite e depois dos recitais, como era praxe, jantou ao lado dos dignatários, o senhor Giuseppe Saragat, presidente da Itália; o Xá e a Imperatriz do Irã, Farah Diba

Concerto da Orquestra de Câmara de São Paulo, regida pelo Maestro Olivier Toni com Natan como *spalla* e João Carlos Martins, solista. Setembro de 1960.

Pahlavi; Grão Duque e a Grã Duquesa de Luxemburgo; Sr. e Sra. Zalman, presidente do Estado de Israel; Suas Altezas Imperiais, o príncipe e a princesa herdeiros do Japão; Rei Olavo V da Noruega; Rainha Elizabeth da Inglaterra.

Abro aqui, uns parênteses, para um fato interessante. Nos meus tempos de mocidade me dava muito bem com o musicólogo Vinholes, um apaixonado pelo idioma japonês. Eu estava embarcando para Londres, com a bolsa dada pelo Governo da Inglaterra e soube que Vinholes estava embarcando para o Japão, seu sonho acalentado por vários anos. Despedimo-nos desejando felicidades um ao outro. Isso foi em 1957. Muitos anos se passaram, quando Golbery me avisa que o príncipe japonês vinha visitar o Brasil e que eu deveria tocar conforme o combinado. Eu nada sabia de música japonesa, e toquei Mozart. Noto, entretanto, no grupo japonês, meu caríssimo amigo Vinholes. Nos abraçamos, surpresos um com o outro e ele então me contou eufórico, que era o tradutor oficial do príncipe japonês. Congratulei-me com ele. Vejo que quando um homem tem uma determinação e a segue, nada pode ser empecilho.

Fiquei na UnB de agosto de 1964 até maio de 1969, quando então, regressei à São Paulo.

Neste ínterim minha esposa Meri, voltou a São Paulo, para dar à luz nossa terceira filha, Silvia. Como pai de três maravilhas, me senti no topo do mundo.

Em 1966, em plena ditadura, o Coronel Lázaro, que era comandante militar na época em Brasília, mandou uma viatura me buscar em casa para um interrogatório na Quartel General. Chegando lá, em meio a uma multidão de soldados armados, fui encaminhado à sala do coronel, onde já se encontravam outros professores do departamento de música. Quando o coronel entrou na sala, bastante nervoso, subiu numa cadeira (ele era baixinho) e falou em voz alta: " Eu quero todos os professores do Departamento de Música amanhã, às oito horas da manhã na UnB, trabalhando. Se não tiver aluno, fiquem praticando. Se vocês não aparecerem, tacho todos de comunistas, e vocês sabem, hoje em dia, comunista está encrencado...". No dia seguinte estavam todos os professores em suas salas de aula.

Universidades foram invadidas por forças militares, a exemplo da Universidade de Brasília (UnB) – algumas tiveram reitores/interventores militares –, e a União Nacional de Estudantes (UNE), logo após o golpe de Estado, teve a sua sede incendiada no Rio de Janeiro. Uma polícia política universitária foi criada com o nome de Assessoria de Segurança e Informações (ASI). O Coronel Darcy Lázaro, comandante da primeira invasão da UnB, em 1964, disse: "Se essa história de cultura vai-nos atrapalhar a endireitar o Brasil, vamos acabar com a cultura durante trinta anos". Uma visão autoritária, sem dúvida alguma.

Durante minha estada ministrei aulas a numerosos alunos e tive na ocasião autorização especial do Reitor Zeferino Vaz e do Diretor do Departamento de Música Cláudio Santoro para continuar a realizar concertos e recitais pelo país.

Fiz boas amizades em Brasília: Madi e Maurício Dusi; Marilda e Luiz Carlos Dusi; Regina e Milton Rabello; Nilce e Paulo Galante; Lélia e Odílio; Joel Bello Soares, Livino Alcântara, a importante professora de piano Neusa França e seu marido Osvaldo; Alexandre e Nancy Chieregatti; Wesceslau Campos; Maestro Arquerons; professores Nise Obino e Regis Duprat, Professores Salmeron, Dione e Cláudio Santoro.

Tocando para as filhas, Brasília, 1966

Exatamente nesse ano, 1966 fiz uma turnê pelos Estados Unidos sob patrocínio do Itamarati, tocando nas cidades de Miami, Nova Orleans, Houston, Los Angeles, San Francisco, Portland,

Chicago, Nova Iorque, Boston, Filadelfia e Washington. De Nova Iorque, realizei os quatro concertos restantes com a presença de Meri, que chegou do Brasil especialmente para me acompanhar. Meu pianista acompanhador foi o Gerardo Parente, da Paraíba, fizemos ótimos concertos juntos.

A vida de um artista, principalmente músico, é muito difícil. Certa vez, fiquei tanto tempo me apresentando fora, que quando voltei para casa, minha filha Silvia, que era muito pequena, nem me reconheceu.

Ao saber da série de concertos nos Estados Unidos, meu amigo Hugh Ewart conseguiu mais dois recitais em sua cidade, Portland, encaixados entre os recitais de San Francisco e Chicago.

Após meu recital em San Francisco onde toquei no auditório da University of Southern California, tomei o avião para uma viagem de duas horas até Portland, onde Hugh me aguardava no aeroporto. Levou-me para sua residência e apresentou-me à sua esposa Essie, e sua filha Barbara. Naturalmente, foi meu cicerone em Portland.

Hugh Ewart era o *spalla* da Orquestra Sinfônica de Portland e, por coincidência, o solista do programa a ser executado naquela ocasião era o brasileiro Nelson Freire. Hugh ofereceu um jantar em sua residência em homenagem a Natan, e chamou seus amigos, incluindo o pianista.

No meio de um papo bem brasileiro, Nelson sugere a Natan que toquem alguma coisa. Como Hugh tinha as partituras de várias edições das sonatas de Beethoven, resolvem tocar a "1ª Sonata". Nelson, ao sentar-se ao piano confidenciou a Natan que conhecia bem as sonatas de Beethoven para piano, mas que nunca havia tocado as de violino e piano. Tocaram os três movimentos e para surpresa da plateia de amigos, Nelson leu a sonata pela primeira vez e não errou nenhuma nota mesmo nos movimentos rápidos. Verdadeiro encontro de mestres.

Em 1969 realizei meu recital de despedida de Brasília, realizando um concerto na Sala Martins Pena, recital patrocinado pela Fundação Cultural do Distrito Federal no dia 30 de abril de 1969, acompanhado no piano por Heloisa Barra Jardim.

No repertório, 3 Sonatas (Vivaldi – Veracini – Mozart), o "Capricho Brasileiro", de Edgardo Guerra, "Tema e Variações na 4ª Corda", de Paganini, do país natal de Smetana, além da "Dança Eslava", de Dvorak-Kreisler e do "Noturno", de Kachaturian.

Meus concertos se sucediam um após outro tais como solista da Orquestra do Municipal, tocando o "Concerto nº 4", de Vieuxtemps com o maestro argentino Pedro Calderón e recitais contínuos pelo país.

A família de Natan e Meri estava sempre pronta para mudanças de casas, ora em São Paulo, ora em Londres, ora em Brasília. Em uma das viagens para um concerto em Goiânia, uma das filhas, Enira, que devia ter cinco anos, ao entrar correndo pelo apartamento do hotel, pergunta: Papai, é aqui que nós vamos morar agora?

Os pais, Jayme e Anna

A família completa

Fritz Jank era além de notável pianista, um piadista formidável. Lembro-me que em um dos nossos concertos, desta feita em Piracicaba, fomos recebidos por Ernest Mahle, emérito compositor e diretor da conhecida Escola de Música de Piracicaba. Ao nos receber Mahle contou que justamente naquela semana havia nascido seu 2º (ou 3º filho) e imediatamente Fritz Jank com sua "verve" providencial arrematou: "Dos Mahle" o menor.

Pianista Fritz Jank, grande concertista acompanhou Natan por vários anos

Eu sempre participei de concursos de violino, e um desses de que me lembro bastante foi promovido pela Secretaria de Cultura no Conservatório Dramático, localizado na Av. São João. A peça obrigatória era a "Sonata nº 1" em sol menor para violino solo, de Bach. Na banca, a Profª Eunice Conte, Roberto Schnoremberg e Altéia Alimonda, se não me falha a memória. Eu ganhei o primeiro prêmio de 50 mil e meu amigo e colega Kiszely ficou com o segundo lugar e o prêmio de 25 mil. Nós dois, além de amigos, fizemos o concurso torcendo muito um pelo outro.

O radialista Vicente Leporace tinha um programa no rádio, O Trabuco, no qual procurava solucionar alguns problemas da população de São Paulo. De vez em quando aparecia uma pergunta sobre quem poderia atestar a legitimidade de um Stradivarius e ele sempre citava o meu nome. Eu nunca conheci o Vicente Leporace, mesmo assim, ele sempre me indicava. Devo ter examinado mais de meia dúzia de violinos, que de Stradivarius não tinham nada. Acontece que na Europa tinha uma fábrica de violinos que fazia violinos nas medidas do autêntico, com uma etiqueta dentro com os dizeres: "Antonio Stradivarius faciebat anno 1700", confundindo as pessoas.

Natan, contratado pela Secretaria de Educação e Cultura, dava aulas no prédio do Liceu de Artes e Ofícios, mais tarde Pinacoteca do Estado, na praça da Luz. Chega uma pretendente a aluna e pergunta onde tem uma tomada de energia. Ele aponta para a parede, a aluna vai até lá e liga uma vitrola portátil. Era uma música com violino até que bem tocado, e a aluna para mostrar seus conhecimentos do instrumento, em determinadas notas passava o arco, num frum-frum desajeitado, deixando o professor muito sem graça, mas obrigado a rejeitá-la.

Recital em Uberaba

Teatro Municipal de São Paulo, no "Concerto" de Mendelssohn, com a Orquestra Sinfônica das Rádios Associadas, sob regência de Bernardo Federowsky. O teatro estava lotado, o programa era televisionado pela TV Tupi, para milhares de espectadores, com apresentação de Heitor de Andrade. Na segunda página do concerto, após um "tutti" orquestral, o violino entra e a peça continua. Durante uma fração de segundo, dá um branco na mente de Natan, deixando-o totalmente em pânico. Sua mão esquerda, acostumada a tocar este concerto, avançou sozinha para a quinta posição, na nota desejada. E deste ponto em diante Natan conseguiu seguir sem que ninguém percebesse sua hesitação. Ninguém percebeu o pânico, e foi um susto superado graças ao constante estudo do professor. Sua técnica é tão precisa que as mãos correm sozinhas, acostumadas.

Certa ocasião, no Teatro Municipal de São Paulo estávamos no poço da orquestra, tocando o último ato do "Rigoletto", de Verdi, hora em que cai uma tempestade enorme no palco. Meu colega de estante, Dante Migliori se agacha pega seu guarda-chuva e abre-o. Quem estava na plateia não viu, mas quem estava nos balcões, sim. O Dante era especialista em criar situações hilárias

Como tocávamos na mesma estante, o guarda-chuva ficou acima de minha cabeça. Foi uma gargalhada geral e o maestro não percebeu nada, pois conforme vocês sabem, há maestros que tem a partitura na cabeça e outros que têm a cabeça na partitura. Era este o caso, e o maestro nada viu.

Na Universidade de Brasília, maio de 1967

1970 - 1979 - Sol

Em Campos do Jordão

Em 1970, o governo de São Paulo instituiu uma programação de inverno em Campos de Jordão. O idealizador do evento foi o Secretário da Fazenda, Arrobas Martins e o sucesso desse empreendimento faz de Campos de Jordão o principal centro de estudos e concertos denominado "Festival de Inverno", que vem ocorrendo todos os anos. Fui imediatamente convidado para inaugurar o 1º "Festival de Inverno" juntamente com meus colegas Magda Tagliaferro, Turíbio Santos, o Sexteto do Rio de Janeiro, Coral e Madrigal das Arcadas sob a regência de Diogo Pacheco, a cravista Helena Hollnagel, a cantora Edmar Ferreti, Maria Vischnia, o conjunto de metais de São Paulo sob regência de Walter Lourenção, a pianista Laís de Souza Brasil.

Durante dez anos consecutivos Natan foi convidado pelo maestro Eleazar de Carvalho para, além de ser solista da orquestra, ministrar aulas no Festival de Inverno de Campos do Jordão. Natan teve muitos alunos, nos quais procurou incutir o auto-respeito e responsabilidade na execução musical. Todos deveriam estar atentos àquilo que era explicado, pois poderiam usar os ensinamentos tanto como integrantes da orquestra sinfônica, quanto como solistas. Apesar de ser, ele mesmo, muito esperituoso, Natan nunca admitiu brincadeiras, nem fora nem dentro da música. As aulas eram realizadas com a maior atenção e dedicação aos alunos. As escalas eram uma verdadeira bíblia violinística para os alunos. Eram escalas normais, cromáticas, diatônica, e muita atenção aos dedilhados, que podiam ser feitos com qualquer tipo de escala.

Em um dos Festivais de Inverno de Campos do Jordão, Natan foi procurado pelo ajudante de ordens do Presidente João Figueiredo. O intuito da visita era convidá-lo para, no dia seguinte, fazer um recital particular para o presidente e vários políticos que o acompanhavam. Uma viatura do exército o levou ao local da audição. Natan chega a um salão em que estão o presidente e sua comitiva, todos em pé. Inicia o programa com uma peça de Bach. Como segundo número toca o "Capricho nº 24", de Paganini.

Então vê se aproximar o ajudante de ordens, que sussurra: "O presidente gostaria de ouvir o "Clair de Lune", de Debussy". Natan continua a tocar e o ajudante repete a ordem. Sem perder a nota, nem a elegância, Natan acaba o "Capricho", e explica ao presidente que, sem acompanhamento ao piano, a peça de Debussy não sairia a contento. Houve uma certa hesitação, e após alguma conversa, concordam com "Meditação", da ópera "Thais", de Massenet. Ao término, é cumprimentado pelo presidente, e todos se retiram da sala. Certamente, o violinista satisfeito com sua apresentação. O presidente decepcionado de não ter ouvido "Clair de Lune".

Em 1971, fui convidado pelo reitor Zeferino Vaz a ingressar na Universidade Estadual de Campinas como professor de violino e supervisor do departamento de cordas a pedido de Cláudio Santoro. Uma das cláusulas de meu contrato estipulava que eu tinha carta branca para continuar dando recitais no Brasil e ocasionalmente no exterior.

Nunca me senti bem ao viajar sem minha família. As viagens longas eram muito penosas, por isso fiz mais concertos no Brasil.

Primeira temporada dos Concertos de Inverno em Campos do Jordão, 25 de junho de 1970. Na primeira fila o governador Abreu Sodré

Em 1974 viria se apresentar no Brasil o grande violinista Yehudi Menuhin. Natan foi por ele convidado para tocar "Concerto de Bach para dois Violinos". O convite era mais do que lisonjeiro e exigia grande responsabilidade. O amigo e colega Marcelo Guerchfeld se propôs a ajudar e ensaiaram muito juntos. Infelizmente, houve um surto de meningite em São Paulo e Menuhin cancelou a apresentação.

Teatro Municipal de São Paulo, regência Maestro Ernest Bour

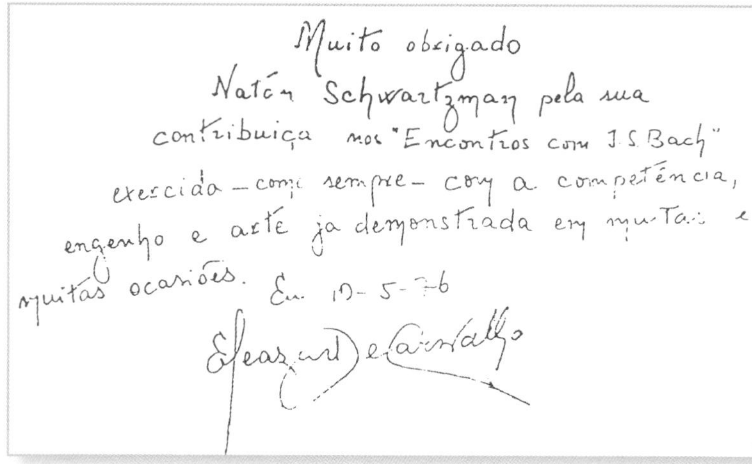
Muito obrigado
Natán Schwartzman pela sua
contribuição nos "Encontros com J.S. Bach"
exercida – como sempre – com a competência,
engenho e arte já demonstrada em muitas e
muitas ocasiões. Em 12-5-76
Eleazar de Carvalho

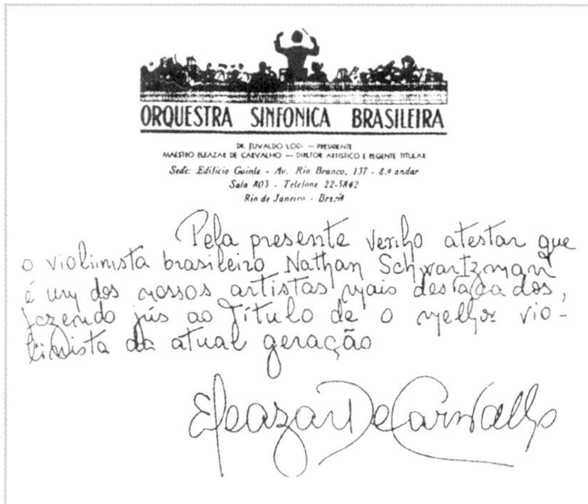
ORQUESTRA SINFONICA BRASILEIRA
Dr. Juvaldo Lodi — Presidente
Maestro Eleazar de Carvalho — Diretor Artístico e Regente Titular
Sede: Edifício Guinle - Av. Rio Branco, 137 - 8.º andar
Sala 803 - Telefone 22-5842
Rio de Janeiro - Brasil

Pela presente venho atestar que
o violinista brasileiro Nathan Schwartzman
é um dos nossos artistas mais destacados,
fazendo jús ao título de o melhor vio-
linista da atual geração
Eleazar de Carvalho

"Hora da Arte" no E. C. Pinheiros, São Paulo, 20 de agosto de 1972

Quarteto Martins Fontes, Santos, 1976

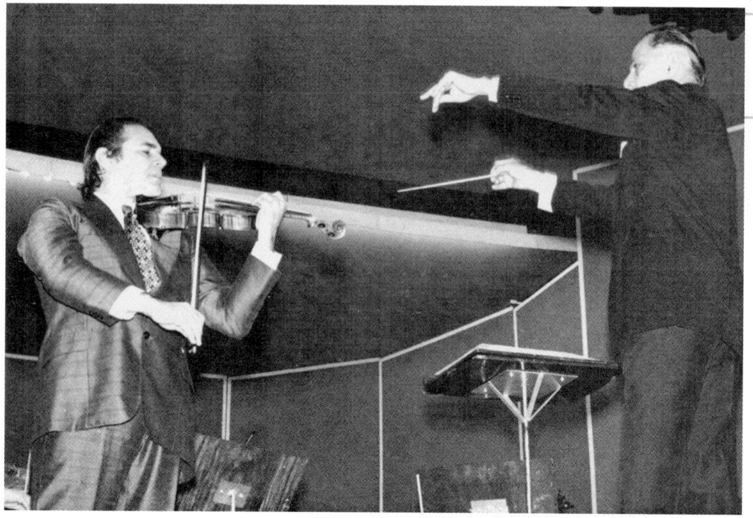

Orquestra Estadual de São Paulo, regência de Eleazar de Carvalho, 1977

Com Jacques Klein, Rio de Janeiro, 1978

Instado a responder à pergunta sobre quais são os quatro maiores violinistas do século XX, vejo-me em situação constrangedora. Com a anuência da comunidade violinística mundial, declaro ser Jascha Heifetz o maior de todos. Este é um ponto pacífico. E citando Mário de Andrade, não se deve medir alturas entre altíssimos, por isso é espinhoso escolher três nomes nessas alturas violinísticas. São excepcionais: Yehudi Menuhin, David Oistrack, Isaac Stern, Ricci, Franscescatti, Perlman, Zukerman, Ferras, Vengerov, Milstein, Sarah Chang. São eles a primeira linha para ser revenciada.

As gravações de Heifetz dos concertos de Brahms, Tchaikovsky, Glazunoff, Walton, Korngold, Sibelius, Elgar, são verdadeiras joias. Não posso esquecer o concerto de Mendelssohn, cujo 3º movimento é um delírio de técnica, com uma velocidade incrível, que a orquestra não consegue acompanhá-lo e sim persegui-lo.

As peças que gosto de destacar são: A "Introdução" e "Rondó Caprichoso", "Havanaise", a "Dança dos Duendes", "Árias Ciganas", "Habanera", "Introdução" e Tarantela do espanhol Sarasate.

David Oistrack, com seu som maravilhoso nos encanta. Seus concertos de Brahms, Sibelius, Tchaikovsky, Shostakovivh são inigualáveis. Menuhin, com seu som volumoso e garra portentosa no Capricho Basco de Sarasate. Contam que Einstein estava presente em um concerto de Menuhin, que na época tinha 12 anos e tinha terminado de interpretar os concertos de Bach, Beethoven e Brahms, e quando foi cumprimentá-lo disse: "Agora eu acredito na existência de Deus". É mesmo muito difícil escolher os melhores, muito difícil.

Natan e Maestro Gaó fazendo o arranjo de seu disco

Em 1978, fui à Berna, aproveitando um intervalo entre concertos de Paris e Londres e encontrei, no conservatório, o Prof°. Rostal. Ele ficou muito feliz em me ver, me chamava de BIG HEART.

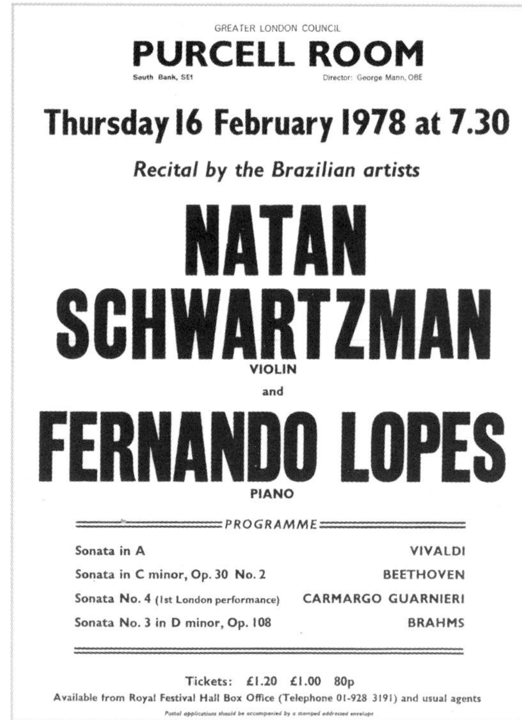

GREATER LONDON COUNCIL

PURCELL ROOM

South Bank, SE1 — Director: George Mann, OBE

Thursday 16 February 1978 at 7.30

Recital by the Brazilian artists

NATAN SCHWARTZMAN

VIOLIN

and

FERNANDO LOPES

PIANO

PROGRAMME

Sonata in A	VIVALDI
Sonata in C minor, Op. 30 No. 2	BEETHOVEN
Sonata No. 4 (1st London performance)	CARMARGO GUARNIERI
Sonata No. 3 in D minor, Op. 108	BRAHMS

Tickets: £1.20 £1.00 80p

Available from Royal Festival Hall Box Office (Telephone 01-928 3191) and usual agents

Postal applications should be accompanied by a stamped addressed envelope

Concerto na embaixada brasileira em París, fevereiro de 1978, com o pianista Fernando Lopes

Dando aulas pelo Brasil, em uma das viagens, ao chegar ao conservatório da cidade, Natan percebe um certo alvoroço. O vigia do conservatório havia desmaiado e ao indagar o motivo fica sabendo que tinha sido de fome. Imediatamente volta ao hotel e traz uma sacola com pães, geleias, biscoitos e frutas. Como as aulas no conservatório eram mensais, a cada vez, Natan levava uma cesta para o vigia. Uma garantia de que, pelo menos naquele dia, não haveria desmaio.

Bauru, 15 de setembro de 1978

Com os cunhados Beti e Roberto, Geni e Isaac

1980 - 1989 - Lá

Unicamp e USP

Na Unicamp consegui formar uma orquestra de cordas com alunos e professores e demos inúmeros concertos com comentários para os alunos. Dei aulas para muitos violinistas que hoje estão nas estantes das orquestras brasileiros. Resumindo, fiquei na Unicamp até 1995 transferindo-me para a USP por convite dos diretores do departamento de música, Mario Ficarelli e Olivier Toni.

Na época em que estava na Juilliard minha pretensão era ser solista, nunca pensei em ser professor. Quando eu voltei ao Brasil, dava concertos, mas dava também aulas particulares, mostrando o que eu achava que devia ser feito. Por exemplo, é impossível tocar violino se a pessoa não sabe manejar bem o arco, e para manejar bem o arco precisa haver controle dos dedos, que não podem estar imóveis. Alguns tocam com o arco, com os dedos parados, imóveis, está errado. Os dedos precisam fazer o movimento de vai e vem e o pulso precisa acompanhar o movimento que tem o nome de "collé". É fundamental para a execução do "spiccatto" e também para a execução da obra a ser interpretada.

Quero ressaltar que tanto na USP como na Unicamp, dentro das aulas dadas, além das escalas, livros didáticos, sonatas e concertos para violino, eu insistia sempre que os alunos estudassem trechos orquestrais dos grandes compositores. Eu insistia principalmente

Sob regência do maestro Eleazar de Carvalho, Teatro Cultura Artística de São Paulo, 19 de maio de 1980 *nas Sinfonias de Mozart, Beethoven e Tchaikowsky, não esquecendo das Sinfonias de Prokofieff, Schostakovich, Dvorak e Sibelius. Porque eu sentia que em algum momento, eles poderiam fazer concurso para uma Sinfônica, e era provável que caísse uma dessas peças.*

Natan, como dedicado professor, conseguiu várias bolsas de estudo para seus alunos, notadamente nos Estados Unidos.

Em atividade paralela, ministrou aulas também nas Faculdades de Uberlândia e Goiânia.

Durante sua carreira foi vencedor por oito vezes de concursos, por unanimidade, no Brasil, nos Estados Unidos e Inglaterra.

Teatro Martins Pena, em Brasília. Voltei à capital para um concerto com obras de Camargo Guarnieri. Ao piano Laís de Souza Brasil e a cantora lírica Edmar Ferreti. Como de costume, eu cheguei adiantado para me preparar. Abri a caixa, retirei meu violino e constatei que o parafuso do arco estava espanado. Corri ao segundo arco e, para meu desespero,

Com a pianista Laís de Souza Brasil, Rio de Janeiro, 12 de novembro de 1980

também estava espanado. O que fazer agora? Lembrei-me de um aluno que morava perto do teatro, tomei um táxi e fui, de casaca e tudo, direto à casa do aluno. A empregada me recebe e diz que o patrão havia ido ao teatro ouvir o professor Natan. Peço a ela que me leve ao quarto do violino. A mulher me acompanha, eu pego um arco, agradeço e digo que está tudo certo, mais tarde devolverei o arco ao seu dono.

No final do concerto, consigo identificar o aluno na fila de pessoas que vêm me cumprimentar. Quando o aluno se aproxima eu estendo o arco, que ele reconhece de imediato, sem entender como viera parar em minhas mãos:

- Meu muito obrigado, graças ao arco que você me emprestou, o concerto foi possível.

Foi uma enorme surpresa parao incrédulo aluno e para os que estavam presentes.

Natan e o maestro Isaac Karabchewsky

SECRETARIA DE ESTADO DA CULTURA
DEPARTAMENTO DE ARTES E CIÊNCIAS HUMANAS
ORQUESTRA SINFÔNICA DO ESTADO DE SÃO PAULO

São Paulo, 23 de janeiro de 1981

Professor NATAN SCHWARTZMAN

Pela presente venho convidá-lo para participar, como solista, na Série "Encontros com o Barroco", nas seguintes condições:

1 - Vossa Senhoria concordaria em participar do programa do concerto de:

1.1 - 27 de abril, às 21 horas, traje: casaca

1.2 - 04 de maio, às 21 horas, traje: casaca

2 - Os ensaios serão estabelecidos em comum acordo com o regente do concerto

3 - Vossa Senhoria concordaria em executar a parte:

3.1 - 1º Violino, do Concerto para 4 Violinos, de Vivaldi, no programa do IV Encontro - 27/4/81

3.2 - Concerto em Mi Maior, para Violino e orquestra, de J.S. Bach, no programa do V Encontro - 4/5/81

4 - A Direção Artística da OSESP propôs à Autoridade competente da Secretaria de Estado da Cultura a quantia total de CR$ 130 000,00 (cento e trinta mil cruzeiros), assim distribuída:

4.1 - CR$ 50 000,00 - pela execução da parte de 1º Violino, do Concerto para 4 Violino, de Vivaldi

4.2 - CR$ 80 000,00 - pela execução do Concerto em Mi Maior, para violino e orquestra, de J.S.Bach

5 - Estando Vossa Senhoria de acordo com ascondições aqui estipuladas, solicito sua resposta, por escrito, a fim de que a Secretaria de Estado da Cultura - formalize o convite em epígrafe.

Atenciosamente,

Eleazar de Carvalho

Ligaram da Secretaria da Cultura, pedindo que recebesse um senhor de 80 anos, que queria estudar violino comigo. É claro que eu o recebi. Marcamos uma entrevista. O senhor chega à minha casa, sobraçando um quadro, eu vi de imediato que era um quadro, que ele deixa encostado no corredor da entrada. Eu peço que ele toque alguma coisa para que eu avalie seu adiantamento. Assim que ele coloca o violino em posição, seus dedos fazem o arpégio Mi Maior indicando que tocaria o "1º Capricho", de Paganini. Fiz sinal para que começasse. Nada sai do instrumento. Peço a ele que toque algo mais simples e o senhor, muito sério, muda a posição dos dedos para executar o "Capricho nº 9". Nenhum som. Absolutamente nada. Comecei a explicar que os caprichos de Paganini são difíceis ao extremo, e que ele poderia começar estudando Kreutzer, Rode... Sua resposta me deixou perplexo: "Professor, ou Paganini ou nada!". De imediato respondi: "Então nada!".

Com um aborrecimento visível, ele fechou o violino, encaminhou-se para a saída, pegou o quadro encostado na parede e disse-me ao sair: "Este quadro seria o pagamento de minha primeira aula". E saiu, pisando duro. Eu nunca soube o que havia na tela.

Natan e Meri com o Maestro Eleazar de Carvalho e os amigos Adelci e Osvaldo Paulino

Com os amigos de Brasília após concerto na Sala Martins Penna, 13 de dezembro de 1982

Em um dos concertos como professor titular da Unicamp, realizado nos salões da Hípica de Campinas, ao tocar um programa para violino solo, de súbito a luz se apagou. Natan continuou a apresentação sob o maior silêncio do auditório. Ao terminar, quando tocou a última nota, a sala se iluminou no mesmo instante. Foi uma chuva de aplausos, dando margem até a comentários de que teria sido proposital. Foi uma feliz coincidência, que tornou a noite mágica.

Em uma das aulas que ministrava em Uberlândia, MG, Natan pede a uma aluna que prepare para a próxima aula a "Sonata" Opus 105 de Schumann (grande compositor romântico). Vem então a pergunta: Professor, essa é uma sonata romântica? Sim, é, responde o professor. Mas é mesmo, romântica? Insiste a aluna. Natan, com o humor que lhe é peculiar, responde: Esta sonata é tão romântica, mas tão romântica, que só falta pedir a intérprete em casamento.

Com Acchile Picchi e seu empresário, 1984

JORNAL DA MÚSICA

SETEMBRO/OUTUBRO DE 1983

O Violino e seus Mestres

Natan Schwartzman nasceu em Niterói (1930), estudando no Rio de Janeiro com Edgard Guerra e Paulina D'Ambrosio. Em 1947 passou a ser discípulo de Ivan Galamian e Joseph Fox na Juilliard School of Music, de New York. Voltando ao Brasil, apresentou-se como solista em todo o país. Vencendo diversos concursos, obteve uma bolsa de estudos na Inglaterra, aliás como primeiro violinista brasileiro, estudando em Londres com o professor Max Rostal. Regressando ao Brasil, realizou uma «tournée» no Estado de São Paulo. Foi o primeiro professor de violino na Universidade de Brasília. Sob os auspícios do Itamaraty apresentou-se em recitais nos Estados Unidos e na Europa. Gravou o LP «Recital de Peças Brasileiras», premiado pela Associação Paulista de Críticos de Arte, além de obter o prêmio «Melhor Solista 1980» para a mesma entidade. Atualmente, Natan Schwartzman é professor titular da Universidade Estadual de Campinas.

Os sogros, Bejla e Arão

Adolpho Bloch, Natan e Adib Jatene, 5 de dezembro de 1988

1990 - 1999 - Si

A maturidade

Em 1990, por ocasião de meus 60 anos, a Orquestra Sinfônica Municipal de Campinas e seu maestro titular Benito Juarez me fizeram uma homenagem com um concerto no qual tomei parte como solista executando o 2º movimento do "Concerto nº 4", de Vieuxtemps e o 3º movimento do "Concerto", de Hekel Tavares.

Lembro dos bons colegas que tenho na Sinfônica de Campinas como Raimundo de Souza, Frederico Barreto, Dalton Ferreira Nunes, Antônio Pereira Dias, Julio Cesar, Fabio, Elazir, Ana Eleonor Ramalho, Hugo Baradel, José Pelegrini, Milton Nimomya e tantos outros que estão na minha mente e não vou esquecê-los, jamais.

No ano de 2000, fui alvo de uma homenagem dos professores e alunos do departamento de música, pela passagem dos meus 70 anos. Prepararam esta homenagem, meus excelentes colegas Edelton Gloeden, José Eduardo Martins, Ficarelli e alguns dos meus alunos. Fiquei emocionado com a prova de amizade.

Tenho o grande prazer de nunca ter faltado a nenhum concerto, ou ter suspendido qualquer apresentação. Cada apresentação marcada foi por mim realizada.

Quarteto Martins Fontes, Santos, 1991

Na USP, com José Eduardo Martins, agosto de 1994

Na homenagem à Raquel de Queiroz pelos seus 84 anos, São Paulo, 23 de outubro de 1994

Com o Maestro e violinista israelense Itzhak Perlman, São Paulo, maio de 1995

Numa determinada quinta-feira, recebo um telefonema do filho de meu caro amigo e colega Marcelo Guerchfeld, me convidando para uma festa em homenagem a seu pai, que estaria completando sessenta anos de idade no sábado. Marcelo, que morava em São Paulo, já está há muitos anos em Porto Alegre, onde, além de violinista, é, também, psiquiatra. Vinha da capital gaúcha para a festa. No sábado pela manhã, fui a uma loja dos Jardins comprar uma camisa para meu amigo e, ao ser atendido, me perguntaram o tamanho da camisa. Exatamente neste momento, o próprio Marcelo entra na loja para a minha surpresa. Ao vê-lo, consegui falar ao atendente: A camisa é para ele!

Natan bisando ao final da apresentação da Orquestra Sifônica de Campinas

Natan e o irmão Salomão caminhando nas proximidades dos Correios de Niterói, depararam-se com um senhor tocando violino. Natan examina o pires para coleta de dinheiro, e nota que o recipiente estava vazio. Pede então, ao violinista, que emprestasse o violino. Toca duas ou três composições e as pessoas param para ouvir. Os irmãos verificam contentes que o pires começa a se encher de moedas. Natan para de tocar, devolve o violino ao homem, e indica que o pires é dele. O senhor, agradecendo bastante o gesto e satisfeito pela audição, queria dar metade a Natan, que recusou.

Com o renomado violoncelista Rostropovich, São Paulo, 18 de abril de 1999

Natan e os irmãos Bella e Salomão

2000 - 2010

A retrospectiva, uma oitava completa

De 1998 a 2005, seguem-se recitais e duas atuações como solista: uma com a Orquestra de Bragança Paulista, sob a regência de Eduardo Ostergreen e a outra solista da Orquestra de Médicos do Hospital Albert Einstein, regida por Wenceslau Nasari Campos.

Em setembro de 2004, meu amigo Hugh Ewart vem de Portland para São Paulo especialmente para me visitar, já que nós não nos víamos há bastante tempo. Veio acompanhado de sua esposa, Essie. Fui seu cicerone por vários dias e na sua despedida ficamos os dois bastante emocionados. É amizade de uma vida inteira, ininterrupta.

Neste mesmo ano de 2004, aos 74 anos, deixei a USP, já aposentado, sempre tocando e ouvindo muita música, que está nas minhas veias e dando conselhos aos jovens violinistas que têm me procurado para ouvi-los. É um prazer inefável.

Tenho hoje, ao escrever minhas memórias, 80 anos de idade, cercado pelo carinho de minha caríssima esposa Meri, que sempre esteve ao meu lado nos bons e maus momentos e a quem dedico imorredoura gratidão, e com a qual recentemente completei 53 anos de casados. Agradeço a Deus ter-me dado uma esposa tão especial, que por sua vez me brindou com também três filhas especiais, que sempre foram motivo de orgulho para mim e me acompanharam em todas as apresentações. Quando eram menina, eu as incentivei para estudar música, afinal cresceram em um universo musical. As três demonstraram ter um ótimo ouvido, mas de maneira diferente de meu pai, eu não as forcei. Mais tarde dedicaram-se inteiramente às lidas nas faculdades. Edna formou-se em Psicologia, Enira em Advocacia e Silvia em Administração.

Em consequência, vieram genros e netos, que carinhosamente preenchem nossa vida de maneira tão gratificante. Temos oito netos: Ricardo, Marcelo, Zaki, Liana, Daniel, Vanessa, Daniela e Raphael. Três deles já se formaram na faculdade.

Agora, nos derradeiros momentos do meu livro, quero lembrar a figura de três grandes amigos e que tanto incentivaram minha carreira: meus caríssimos Fritz Jank, maestro Souza Lima e o maestro Eleazar de Carvalho. Tive grande satisfação em tocar com esses três gigantes da música. Com Eleazar de Carvalho, atuei como solista inúmeras vezes, sempre muito seguro na regência. Com Souza Lima, além de atuar inúmeras vezes como solista sob sua regência, toquei, também com ele, as "Dez Sonatas" de Beethoven. E com o fenomenal pianista, tanto solista como acompanhador Fritz Jank toquei muitos e muitos recitais incluindo por duas vezes as "Dez Sonatas" de Beethoven em Brasília e em Curitiba. Rendo minha profunda homenagem a esses extraordinários musicistas.

Relembro minha vida artística pontilhada de concertos, recitais, aulas, conferências, e como quartetista por 25 anos, no saudoso "Quarteto Martins Fontes", com meus colegas Adelci Paulino, Bela Mori e Paulo Taccetti. Ensaiávamos em Santos e em São Paulo. Demos inúmeros concertos pelo estado e capital. Relembro em particular o nome de nosso violoncelista, Waldemar de Almeida, que nos deixou para atuar nas temporadas musicais da Nova Zelândia. Após sua saída tivemos o prazer de tocar com o violoncelista Paulo Taccetti, que nada ficou a dever a seu predecessor. Tocamos também em escolas municipais já que nosso quarteto era subvencionado pela Prefeitura de Santos e inscrito em seus corpos estáveis. Com a saída do violista Bela Mori, entrou em seu lugar Jorge Kiszely.

Meu ouvido direito, aos poucos, começou a apresentar sérios problemas e reduzi drasticamente minhas apresentações. Encerrei minha carreira artística no dia 08 de dezembro de 2005, no auditório do Teatro Renaissance, em São Paulo. Ao terminar o programa, que eu sabia que seria o último devido à precariedade de minha audição, vieram lágrimas aos meus olhos, mas lágrimas de contentamento, pois tive uma carreira feliz em todos os seus aspectos.

Embora tenha parado de me apresentar em público, continuo a receber violinistas que desejam saber minha opinião sobre suas performances. Tenho o maior prazer em transmitir aos jovens musicistas a minha experiência de 70 anos.

Não poderia sob hipótese alguma deixar de mencionar o "Festival de Cordas Natan Schwartzman", realizado anualmente em Uberlândia, MG, idealizado por minha excelente amiga Cora Capparelli, diretora do Conservatório, que não mediu esforços para tornar o evento realidade. Festival que atrai alunos de Uberlândia e outras cidades brasileiras e caminha em 2010, para sua 6ª edição com grande aproveitamento de seus componentes. Meu profundo agradecimento à Profª Cora Pavan Capparelli por essa homenagem, e faço votos que o Festival frutifique e continue dando resultados positivos para nossa mocidade musical.

Uma certa nostalgia é o que me resta da vida, toda ela dedicada à música sublime dos grandes compositores, que sempre adorei e que irá me acompanhar até o fim.

Não posso compreender a vida sem música. Aliás, a vida sem música seria um erro.

Um grande abraço a você e o muito obrigado do

Natan Schwartzman

Concerto de encerramento da carreira no Hotel Renaissance, São Paulo, 2005

O colega Hugh Ewart e sua esposa Essie, no Baile de Gala da Sinfônica do Oregon, Estados Unidos, 2008

Bodas de ouro, 13 de janeiro de 1957 - 13 de janeiro de 2007

Meri, Natan e seu clã, janeiro de 2010. Filhas: Edna, Enira e Silvia. Genros: Jaques, Eli e Luiz.
Netos: Ricardo, Marcelo, Daniel, Zaki, Liana, Daniela, Vanessa e Raphael.

CONCERTO

VIOLIN

Edited by

ARAM KHACHATURIAN

Anotações pessoais de arcadas e dedilhados

Breve história do violino

O violino é um instrumento de quatro cordas, mi, lá, ré, sol - do naipe das Cordas Friccionadas, correspondente ao Soprano da voz humana. O timbre do violino é agudo, brilhante. A corda mi é de aço. A corda mais grave é a **sol**, e o instrumento pode fazer quatro oitavas com as notas sol e lá. As notas seguintes não têm mais espaço para quatro oitavas. Paganini fez várias peças unicamente para a corda sol, considerada a quarta corda do violino. **Mi** a primeira, **lá** a segunda, **ré** a terceira.

Os primeiros violinos foram feitos na Itália entre os meados do fim do século XIV e o início do século XV, evoluindo de antecessores como a *rebec*, a *vielle* e a *lyra da braccio.* Durante duzentos anos, a arte de fabricar violinos de primeira classe foi atributo de três familias de Cremona: Amati, Guarneri e Stradivari (com a latinização deu-se *Stradivarius*, *Guarnerius*).

O violino manteve-se inalterado por quatrocentos anos. No século XIX modificou-se apenas a espessura das cordas, o uso de um cavalete mais alto. Inclusive, a forma do arco consolidou-se nessa época. Originalmente com um formato côncavo, o arco agora tem uma curvatura convexa, que permite suportar maior tensão das crinas, graças às mudanças feitas pelo fabricante de arcos François Tourte (1745-1835), a pedido do virtuose Giovanni Battista Viotti, em 1782.

O violino tem longa história na execução de músicas de raiz popular, que vem desde os seus antecessores (como a *vielle*). A sua utilização tornou-se mais expressiva na segunda metade do século XV.

A título de curiosidade informo que o violino Stradivarius em sua melhor época, de 1700 a 1720, está valendo em 2010 a impressionante quantia de cinco milhões de dólares.

Não há no mundo, seja lá em que aspecto for, que valorisasse tanto quanto esse violino. Digo isso com certeza, pois em 1950, na Juilliard, meu Prof° Joseph Fuchs, pagou 50 mil dólares. Um carro Dodge, todo equipado custava na época dois mil doláres. Valorização espantosa.

O único violino que pode competir com o Stradivarius é o Guarnerius Del Jesu. Ambos são o suprassumo da escola violinística de Cremona, pela alta perfeição técnica sob todos os pontos de vista, com uma beleza inigualável. Cito três outras maravilhas italianas: Luthiers Amati, Bergonzi e Guadagnini.

Os melhores violinos são os italianos e os melhores arcos são os franceses, tais como o *Tourte* e *Pecatti.*

Alguns conselhos violinísticos

1. Ao começar o estudo diário verifique se o violino está rigorosamente limpo, bem como o arco isento de resina.

2. Comece pelas escalas. No início, escalas de uma oitava, depois duas e três e para os mais adiantados escalas de quatro oitavas em sol e lá. Pratique os arpegios de três e quatro oitavas.

3. Veja Kreutzer. O Estudo nº 1: inicialmente detaché, depois ligado de 4 em 4, e 8 em 8. Aproveite esse estudo para fazer diferentes golpes de arco. Estude Kreutzer com afinco. Em especial as cordas duplas e o estudo das oitavas.

4. Depois virão Fiorillo, Rode, Gaviniés, a Escola moderna de Wieniawsky e por último os maravilhosos 24 caprichos de Paganini.

5. Ao mesmo tempo, toque sonatas, concertos e peças avulsas.

6. Cuide bem da afinação.

7. Quando for dar um recital em público, escolha um repertório com o qual você é realmente capaz. Nunca toque em público o que você não estiver preparado.

8. Não se esqueça que os dedilhados para as 2ªs aumentadas serão sempre 1-3 ou 2-4

9. Lembre-se que os grandes amigos do violino são: as cordas soltas – as posições pares (meia, 2ª, 4ª e 6ª) e os semitons.

10. Quero enfatizar a suma importância das posições pares. Estude bem o livro "Campagnoli". E dê muita atenção às partes de violino das sinfonias de Mozart, Beethoven, Brahms, Tschaikowsky, Shostakovich, Prokofieff. Vale a pena ver os compositores brasileiros.

11. Tocar ao violino as 15 Valsas de Chopin para piano é um exercício inigualável para dedilhados.

12. Qualquer escala acima da 7ª. posição deve terminar, obrigatoriamente, no dedilhado 4 - 4, ou seja, da sensível para a tônica. Nada de 3 - 4.

Anotações pessoais de arcadas e dedilhados

Alunos de Natan Schwartzman

Alunos do Profº. Natan nas cidades de São Paulo, Santos, Campinas, Brasília, Goiânia, Ribeirão Preto e Tatuí. Infelizmente, foi extraviada a relação de alunos de Uberlândia.

1. Adelci Paulino
2. Adolfo Hengeltraub
3. Abner Landim
4. Alba Lucínia Dayrell
5. Alexandre Batista Marques
6. Alexandre Somazz
7. Ana Arakawa
8. Ana Eleonor Ramalho
9. Anderson Cardoso
10. Anderson Rocha
11. Angela Maria Moraes
12. Antonio Pereira Dias
13. Aristides Camargo
14. Armando Duarte
15. Betina Pasternik
16. Carlos Godo
17. Celso Mariano
18. Celso Pacheco
19. Daniel Gomes Duca
20. David Gama
21. Deodato Guimarães Santos
22. Diva Moraes
23. Edilberto Jardim Filho
24. Egle Zamarian
25. Elizabeth Monteiro
26. Emmanuel Coelho
27. Esdras Rodrigues
28. Eugênio Ambrosetti
29. Frederico Barreto
30. Gianpietro Saisi
31. Gislene Natera
32. Glacy Antunes de Oliviera

33. Goto
34. Ha
35. Helio Engholm
36. Hudson Cavalcante
37. Ivana Paris
38. Jefferson
39. Joel Gíglio
40. Joo
41. José Adriano Campos Machado
42. José Vasconcellos
43. Kleberson
44. Lafayette de Moraes
45. Laura Florence
46. Laura Mac Knight
47. Leandro Pereira
48. Leandro Tomaz
49. Lincoln Makiyama
50. Lino Tanaka
51. Luciana Arraes
52. Maria Etelvina Fernandes
53. Maria Jací Toffano
54. Maria Silvia Velludo
55. Mariana de Moraes Holschuch
56. Mariana Rennó
57. Mariana Ribeiro da Silva
58. Marisol Françoise
59. Milton Bergo
60. Moema de Campos Aspesi
61. Neve Ione Guimarães
62. Nilza Vieira Costa
63. Paulo Tavares
64. Perseu Perez Gomiero
65. Regina Celia Castro
66. Renato Collet
67. Ricardo Herz
68. Ricardo Wagner Abreu
69. Roberney Ferretti
70. Rodrigo Leite
71. Rogério Ribeiro
72. Rune
73. Soraya Landim
74. Teresa Lomonaco
75. Victor Mendonça
76. Vilma Morad
77. Vitoria Helena Alves
78. Wanda Fleury Amorim
79. Yaro Burian
80. Yvette Flores

Maestros com quem Natan Schwartzman atuou como solista

1. Eleazar de Carvalho
2. John Neschling
3. Souza Lima
4. Bernardo Federowsky
5. Diogo Pacheco
6. Camargo Guarnieri
7. Bruno Rocella
8. Isaac Karabtchewsky
9. Benito Juarez
10. Arlindo Teixeira
11. Roberto Tibiriçá
12. Colarusso
13. Pedro Cameron
14. Túlio Collacciopo
15. Simon Blech
16. Vicente Fittipaldi
17. Roberto Schnorrenberg
18. Olivier Toni
19. Léo Peracchi
20. Edoardo Guarnieri
21. Ronaldo Bologna
22. Gerard Devos
23. Ernest Bour
24. Pedro Calderon
25. Sérgio Magnani
26. Wenceslau Campos
27. Jean Morel
28. Pupo Nogueira
29. Piero Bastianelli

Pianistas que acompanharam Natan Schwartzman em recitais

1. Fritz Jank
2. Souza Lima
3. Jacques Klein
4. Miguel Proença
5. Amaral Vieira
6. Arthur Moreira Lima
7. Eudóxia de Barros
8. Daisy de Luca
9. Laís de Souza Brasil
10. Léo Peracchi
11. Pierre Klose
12. Alceu Bocchino
13. Laís Castro Kauffmann
14. Acchile Picchi
15. Gerardo Parente
16. Neusa França
17. Heloísa Barra Jardim
18. Guida Borghoff
19. Cláudio de Brito
20. Ilze Trindade
21. Mauricy Martin
22. Egle Zamarian
23. Joaquim Thomaz Jayme
24. Maria Jací Toffano
25. Saul de Almeida
26. Josefina Aguiar
27. Sonia Rubinsky
28. Fernando Lopes
29. Gilberto Tinetti
30. Almeida Prado
31. Camargo Guarnieri
32. Berenice Menegale
33. Sônia Muniz
34. Giuliano Montini
35. Eny da Rocha
36. Isabel Mourão

37. Ediná Pinheiro Strehler
38. Bárbara Brieger
39. Oleg Kusnetzoff
40. Maria Cecília R. Forastieri
41. Otto Jordan
42. Romeu Fossati
43. Geraldo Rocha Barbosa
44. Esther Scliar
45. Fernando Berti
46. Humbertus Hoffmann
47. Maria Helena Mello Barreto
48. Alcebíades Lino de Souza
49. Alberto Salles
50. Gloria Machado
51. Elza Uzurpator
52. Yone Mesquita
53. Gaó
54. Bridget Moura Castro
55. Vânia Pimentel
56. Edith Kielgast
57. Marina Brandão
58. João Poeck

Konzert für Violine

G-Dur / G major / Sol majeur

Wolfgang Amadeus Mozart
KV 216

Anotações pessoais de arcadas e dedilhados

Posfácio

Considerações sobre arcadas e dedilhados - Laura Florence[1]

Trabalho de conclusão de curso (Bacharelado em Música - Violino) – Faculdade Santa Marcelina – São Paulo, 2007.

Profº. Natan Schwartzman sempre considerou como um dos pontos mais importantes da execução violinística os dedilhados, que devem traduzir a intenção musical desejada, mas também, sempre que possível, ajudar a execução. Assim como os dedilhados, as arcadas também são de extrema importância.

Quando Profº. Natan fez o teste para concorrer ao cargo de *spalla* da orquestra da Juilliard, a primeira etapa do teste consistia em marcar as arcadas e os dedilhados para a primeira página de *Morte e Transfiguração*, de Richard Strauss e, logo depois, explicar para a banca examinadora os motivos que o levaram às suas escolhas. Depois de ser escolhido para *spalla*, o maestro Jean Morel comunicava com antecedência sobre as peças que seriam executadas pela orquestra, as quais Natan deveria definir as arcadas e os dedilhados. Essa é uma das funções de um *spalla* de uma orquestra: marcar as arcadas e os dedilhados.

Profº. Natan define tal habilidade como uma arte. Diz que para que certas passagens musicais sejam claras, são necessários bons dedilhados e arcadas.

1 - Iniciou os estudos musicais em 1997, no Conservatório Musical Souza Lima, onde, em 2000, começou a estudar violino com Ivan Borlenghi. Em 2004, iniciou o Curso Superior na Faculdade Santa Marcelina. Durante o curso, estudou violino com Natan Schwartzman de 2004 a 2005, de quem obteve valiosa orientação e uma nova visão sobre a arte de tocar violino.

Ivan Galamian foi professor de Natan na Juilliard School em Nova Iorque, e "deu muita importância à claridade da execução" (SCHWARTZMAN, 2007). Por exemplo, para que um *spiccato* seja executado com absoluta clareza, é necessário um exercício para os dedos da mão direita, a que segura o arco, chamado colé, para que a mão direita trabalhe nota por nota e alcance o resultado desejado em uma passagem musical em *spiccato*.

Galamian, em parceria com Neumann, escreveu *Contemporary Violin Technique*, uma série de três livros com a intenção de cobrir todas as dificuldades técnicas que um violinista poderá encontrar durante a execução. No prefácio, dizem que "o domínio técnico depende mais do controle da mente sobre os músculos do que da mera agilidade dos dedos."

Os exercícios consistem em uma série de combinações rítmicas e de arcadas sobre escalas, arpejos, 3as., 4as., 5as. e 6as. divididas, escalas cromáticas etc. (no vol. 1), além de cordas duplas, triplas e quádruplas (no vol. 2). Apresentam em alguns exercícios diferentes possibilidades de dedilhados, sugerem que ambos sejam praticados e encorajam para que outras possibilidades sejam encontradas.

Um dos métodos trabalhados com Natan foi o Op. 35 de Jakob Dont, que consiste em 24 estudos e caprichos. Galamian deu ênfase ao aperfeiçoamento das cordas duplas. Neste livro, 13 dos 24 estudos possuem cordas duplas (ou triplas e quádruplas). Também inclui *pizzicati*, harmônicos simples e duplos. Prof°. Natan considera-o bastante completo. Quando Natan chegou ao final do livro, Galamian disse: "muito bem, agora vamos recomeçar tudo de novo." E assim Natan o fez.

Também foram trabalhados a *École Moderne*, Op. 10 (*10 Etudes-Caprices*), de Wieniawski e os *24 Caprichos*, Op. 1 , de Paganini, ambos editados por Galamian para a editora International Music Co.

Enquanto isso, Natan, já percebendo que a questão dos dedilhados era complexa, soube aproveitar bem a biblioteca que estava à disposição na Juilliard School, exemplares com dedilhados de renomados violinistas. O *Concerto* nº 5 de Mozart, K 219 em Lá Maior, possuía uma edição com os dedilhados de Heifetz, outra com os de Flesch, assim como outra com os de Schering. Prof°. Natan examinou cada um deles e selecionou para ele mesmo o que julgou melhor para seu tipo de execução, o melhor para ele.

Exemplifica uma de suas observações sobre dedilhados, ao realizar um intervalo de terça menor, por exemplo, ré sustenido seguido de fá sustenido na corda ré, o ré sustenido deve ser tocado com o 1º dedo e o fá sustenido, ao invés de ser tocado com o 2º dedo, deve ser tocado com o 3º dedo para evitar uma extensão desnecessária e anti-natural, favorecendo a afinação da passagem. Profº. Natan aprendeu essencialmente com a observação, não só a respeito dos dedilhados, mas das arcadas também.

Quando o Profº. Natan recebeu uma bolsa do Consulado Britânico, em 1957, foi recebido por Rostal e tocou para ele a *Sinfonia Espanhola*, de Lalo. Rostal, ao ver que Natan já havia trabalhado bastante com Galamian, apenas quis acrescentar um pouco de técnicas de arco, que poderia ser de grande ajuda a ele. Uma delas foi o *ricoché*, que foi dissecado para sua melhor compreensão. Além disso, fez questão que o Profº. Natan usasse uma queixeira, suporte instalado no violino, como o nome diz, para apoiar o queixo, e evitar que o violinista tensione o ombro para segurar o violino enquanto toca.

Mas sua maior ênfase, segundo Natan, foi em escalas. Rostal foi aluno de Carl Flesch, que escreveu um método de escalas, o *Scale System*: Scale Exercises in All Major and Minor Keys for Daily Study, para o qual Rostal escreveu um segundo prefácio, o "Prefácio do editor para a nova edição", em que comenta e expande o método de Flesch.

Flesch diz em seu prefácio que seu objetivo era "conduzir o estudo diário por meio de fórmulas técnicas rígidas e gerais, além de regular meios sistemáticos" e "apresentar à geração atual os métodos fluentes da escola clássica francesa para a execução de escalas em notas duplas."

Rostal, em seu prefácio como editor para o mesmo método, justifica a sua interferência no mesmo para "responder à nova demanda que os padrões alcançaram hoje", já que o método já existia há 60 anos à época da edição revisada e expandida por Rostal.

Adicionou dedilhados aos exercícios, mas manteve os de Flesch, que estão localizados acima dos exercícios e os daquele, abaixo, mas deixa a critério do executante escolher o de sua preferência.

> Os dedilhados que adicionei não devem ser vistos como "melhorias", e sim, alternativas representando o gosto atual; ambos os tipos de dedilhado, o de Flesch e o meu, devem ser praticados. Eu não compartilho a opinião de muitos professores de que todas as tonalidades deveriam ser dedilhadas de maneira uniforme, particularmente por motivos musicais, que exigem constantemente dedilhados diferentes e apropriados.

> Em muitos casos usei dedilhados que facilitam a execução de certa passagem, mas ocasionalmente os dedilhados foram deliberadamente dificultados com a intenção de preparar o estudante para as exceções que surgem por motivos musicais ou técnicos. Dedilhados aparentemente inconsistentes para passagens similares foram sugeridos com a intenção de familiarizar o estudante com exceções musicais e técnicas. Muitos dedilhados, quase pedantes, são destinados para os estudantes ainda não iniciados. Se não houver indicação, os dedilhados do Flesch devem ser aplicados. (ROSTAL, *apud* FLESCH, 1987)

Profº. Natan nem sempre utilizava os dedilhados que estavam escritos no método, pois, a essa altura de sua vida, questionava muito. Por exemplo, na escala de Dó Maior o método de Flesch indica para que a terminação da escala seja feita com o 3º dedo na nota si e o 4º dedo na nota dó, da qual Natan discorda. Acha que a nota si deve ser tocada com o 4º dedo e a nota dó também com o quarto dedo, por extensão. Tal dedilhado traz maior exatidão à afinação.

Figura 10 – Escala de Dó Maior, FLESCH, Carl, p.1.

Rostal disse a ele: "Bom Natan, você não está errado, você não está nada errado. Agora, se você está fazendo o livro do Flesch, você vai fazer."

"Mas professor Rostal, você não me leve a mal, eu não posso fazer isso, eu não me sinto bem. Eu acho que tem que ser quatro, quatro, aqui, não pode ser três, quatro." – respondeu Natan. Justificando-se em entrevista com a autora: "Isso dentre outras coisas, eu já podia me impor como, digamos, alguma autoridade no violino."

Profº. Natan, em sua gravação do *Recital de Peças Brasileiras,* de 1964, incluiu a 2ª *Valsa de esquina,* de Francisco Mignone (1938). Em compasso ternário simples e na tonalidade de Eb menor, em forma ternária completa (A-B-A'), retrata uma serenata, com o acompanhamento do piano, com seus acordes arpejados como se fosse um violão, e o violino, cantando livremente, de forma descontraída e, de certa maneira, melancólica. De acordo com ele, as escalas de 3 e 4 oitavas têm necessariamente que terminar 4-4, da sensível à tônica

A primeira parte da peça (A), em andamento *Lento e Mavioso*, está na forma de "período", no qual a frase antecedente, com 16 compassos, começa na Tônica e termina em semi-cadência sobre a Dominante; e a frase consequente, também com 16 compassos, recomeça na Tônica e termina na Tônica em cadência perfeita. A primeira parte consiste, portanto, em um movimento harmônico interrompido.

A segunda parte (B), contrastante em relação à primeira pela mudança de andamento (*Piú vivo*) e pelo desenho melódico, está também na forma de "período", onde a frase antecedente, com 16 compassos, começa e termina na Dominante; e a frase consequente começa na Dominante e termina na Tônica em cadência perfeita. A segunda parte consiste, portanto, em um movimento harmônico progressivo.

A terceira parte é uma reprise da primeira (A'), alterando somente a finalização dos dois últimos compassos, mas sem alterar a terminação harmônica.

ANÁLISE DOS DEDILHADOS E ARCADAS

Prof. Natan inicia a peça em piano, " para cima", ou seja, na ponta do arco, para realizar o crescendo, com o 3º dedo na III corda, para usar um timbre diferenciado daquele que seria obtido na 1ª posição na II corda, alternando para o 2º dedo, no terceiro compasso, tocando a mesma nota, mas agora com mais ênfase.

Figura 11 – c. 1 – 3

No c. 4, muda de posição (da 4ª para a 3ª) utilizando o 3º dedo, mantendo-se na mesma posição até o 3º tempo do mesmo compasso, onde realiza o grupo de notas na 1ª posição em um decrescendo. Evita a quebra ou interrupção desses ornamentos sobre a nota fá ao realizá-las na mesma posição.

Figura 12 – c. 4

No c. 5, recomeça em piano e a tempo, na ponta do arco, como no c. 1, com o 1º dedo mantendo-se na III corda, mantendo o mesmo timbre inicial e explorando seu virtuosismo.

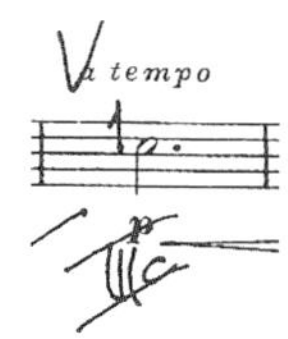

Figura 13 – c. 5

No c. 6, Profº. Natan opta por realizar uma ligadura para o compasso inteiro ao invés de separar as duas últimas notas, como foi impressa na edição, o que as evidencia como ornamentos da nota ré, e não apojaturas da próxima nota, o mi bemol.

Figura 14 – c. 6

Ocorre um súbito piano, o que, de certa forma, interrompe a dinâmica melódica que vinha em um crescendo no compasso anterior, que justifica a opção de não enfatizar aqueles ornamentos como apojaturas do mi bemol.

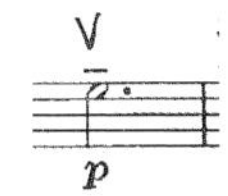

Figura 15 – c. 7

A partir do c. 8, passa a tocar na II corda, fazendo a mudança de posições durante a troca de arcos, do 1º para o 2º tempo do compasso.

Figura 16 – c. 8

Mantém-se na terceira posição até o c. 14, onde salta para a 7ª posição com o 1º dedo no mi bemol e usa o 2º dedo para tocar a nota fá e, logo depois, a nota si bemol, o que permite tocar novamente, no c. 15, a nota fá com o 1º dedo com um *sforzando.* A mão já está posicionada para tocar o dó bemol alcançado por extensão, ao invés de realizar outra mudança de posição, o que seria mais incerto para a afinação. Realiza, então, o arpejo (dó bemol - lá bemol - fá) na mesma posição, mudando apenas no terceiro tempo do compasso para a 4ª posição, porém tocando o ré natural com o 3º dedo e o dó bemol com o 1º, ao invés de usar o 2º dedo para o ré, já que este intervalo resulta em uma segunda aumentada. Segue no compasso seguinte mantendo-se na 4ª posição no 1º tempo e retorna à 1ª posição no segundo tempo, mantendo o dedilhado do 3º dedo para o ré natural e 1º dedo para o dó bemol pelo mesmo motivo citado acima. A ligadura foi retirada no 1º tempo deste compasso, entre as notas lá bemol e fá, já que há um *rubato* e para terminar a frase em um *decrescendo,* "para baixo" (com a arcada), para recomeçar a segunda frase "para cima", assim como na primeira.

Figura 17 – c. 14 – 17

Os dedilhados e arcadas se repetem como na primeira frase, já que a segunda repete a mesma melodia, até chegar ao compasso 26, onde a partitura indica um crescendo e animando, a melodia muda em relação à primeira, assim como sua articulação; alcança um forte no c. 29, onde faz uma alteração no dedilhado impresso: na nota sol bemol, no 2º tempo deste compasso, opta por tocá-la com o primeiro dedo ao invés do 2º por estas notas representarem uma segunda aumentada, assim como feito acima.

Figura 18 – c. 29

No próximo compasso, o 30º, toca o primeiro grupo de notas, a primeira tercina, valorizando a 2ª posição, realizando a primeira nota, o dó bemol, na realidade, como extensão com o 3º dedo, para seguir as próximas notas, o si bemol e o lá bemol na 3ª posição. A segunda tercina é realizada na primeira posição, onde ocorre novamente o intervalo de segunda aumentada entre as notas ré natural e dó bemol e são utilizados os dedos 3 e 1 respectivamente. No terceiro tempo deste compasso, a terceira nota da quintina é um ré natural, que é realizado com a corda D solta, o que facilita a mudança para a 2ª posição na IV corda, a nota seguinte, o dó bemol, que possibilita uma melhor realização das notas seguintes sem precisar mudar de cordas desnecessariamente, além de evitar o intervalo de segunda aumentada de maneira dedilhada.

Em sua gravação, porém, Profº. Natan não toca a casa 1, indo, portanto, direto para a casa 2.

Figura 19 – c. 30 – casa 1

No c. 31, na segunda casa, o arpejo é realizado na 4ª posição, valorizando novamente uma posição par.

Figura 20 – c. 31 (casa 2)

Finaliza essa seção com o 3º dedo na nota mi bemol, pois esta é acentuada e o 3º dedo vibra melhor do que o 4º, que seria o dedo utilizado para manter-se na mesma posição.

Figura 21 – c. 32

A segunda parte (B), tem um caráter diferente da primeira, onde as notas devem ser tocadas *sempre staccato*, como pede a partitura, em contraste com a primeira, que é melodiosa, *cantabile*, e mais lenta.

No c. 34, para tocar as notas sol bemol e ré natural, que forma um intervalo de quarta diminuta, Natan opta por utilizar os dedos 3 e 1 respectivamente. No compasso seguinte, retorna à posição normal dos dedos para a 3ª posição, usando o 3º dedo para a nota fá.

Figura 22 – c. 34 – 35

No c. 36, passa para a 4ª posição, com o 2º dedo na nota fá, para no compasso seguinte manter-se na mesma posição e tocar o fá bemol com o segundo dedo, mantendo o mi bemol como referência.

Figura 23 – c. 36

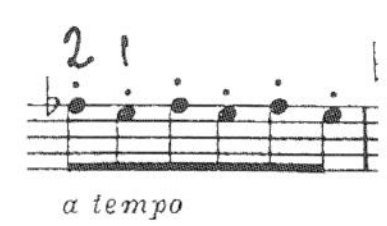

Figura 24 – c. 37

No c. 38, há o mesmo intervalo presente no c. 34, porém com as notas dó bemol e sol natural, para as quais adota o mesmo dedilhado, os dedos 3 e 1 respectivamente. No compasso seguinte, assim como anteriormente, no

c. 35, mantêm-se na mesma posição (6ª posição), com a posição normal dos dedos, usando o 3º dedo para a nota si bemol. Para tal, Natan as realiza na II corda.

Figura 25 – c. 38 – 39

No c. 40, ainda na II corda, mantém-se inicialmente na mesma posição, até o 2º tempo do compasso, onde faz a mudança de posições por meio tom da nota sol para o lá bemol. Muda para a corda I no 2º tempo do próximo compasso.

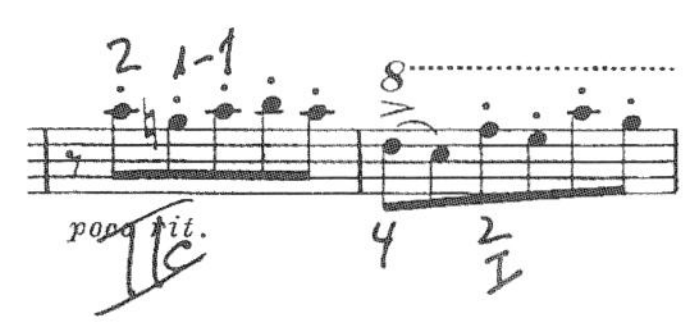

Figura 26 – c. 40 – 41

No c. 42, vai para a 12ª posição, com o 2º dedo na nota ré bemol, seguida da nota dó bemol, onde permanece na mesma posição e toca as notas fá e mi, por extensão, com os dedos 3 e 2, respectivamente, para então tocar a nota dó bemol novamente com o 1º dedo. Mantendo-se na mesma corda, vai para a 10ª posição, ainda com o 1º dedo na nota lá bemol. Toca, no seguinte compasso, a nota dó bemol por extensão do 2º dedo, para retornar à posição normal deste mesmo dedo para tocar a nota si bemol, já que estas duas notas têm apenas meio tom de distância.

Figura 27 – c. 42 - 43

No compasso seguinte, c. 44, segue o mesmo raciocínio do c. 40, onde mantém-se na mesma posição até o 2º tempo do compasso, onde faz a mudança de posições por meio tom, porém entre as notas lá natural e si bemol.

Figura 28 – c. 44

No c. 45, retorna à 10ª posição, com o 1º dedo na nota lá natural e, por extensão, realiza as outras notas deste compasso: o sol bemol com o 4º dedo, o fá com o 4º novamente, o mi bemol como 3º e o dó natural com o 2º, até retornar ao lá com o primeiro dedo. A utilização dessas extensões é possível, pois a melodia está localizada em região aguda do violino, onde as notas estão localizadas mais próximas entre elas do que em oitavas mais graves.

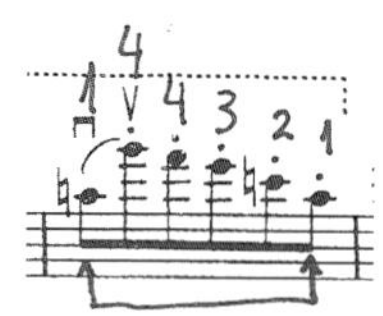

Figura 29 – c. 45

No próximo compasso, se mantendo na mesma posição, porém agora na II corda, toca as notas fá e mi bemol com os dedos 3 e 2, respectivamente. No segundo tempo deste compasso, ainda na II corda, vai para a 7ª posição com o 3º dedo na nota dó natural, toca a nota lá natural com o primeiro dedo ainda na mesma posição; muda novamente de posição, agora para a 3ª, com o 3º dedo na nota fá.

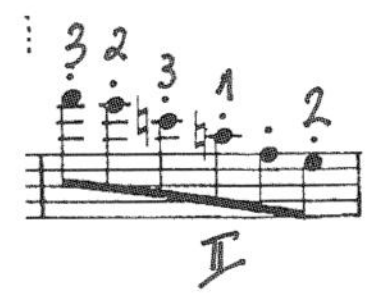

Figura 30 – c. 46

Inicia agora um trecho cromático neste próximo compasso, mudando para a 5ª posição, com o 1º dedo na nota mi natural, até o próximo compasso, onde toca a nota dó bemol com o 3º dedo, com a mesma intenção apresentada no c. 32.

Figura 31 – c. 47 - 48

A segunda frase desta segunda parte da música recomeça como a primeira frase desta mesma parte até o c. 60, onde Natan mantém-se na 10ª posição e toca, no 3º tempo deste compasso, o dó bemol por extensão e, com o mesmo dedo, toca a nota si bemol, já de volta à posição normal. Essa mudança de dedilhado em relação ao correspondente do c. 44 ocorre devido à mudança da melodia nos compassos seguintes desta segunda frase.

Figura 32 – c. 60

A partir do c. 61, mantém-se na mesma posição, realizando a mudança de posições apenas no último tempo de cada compasso nos glissandos com o 3º dedo, até o c. 63, onde termina o glissando com o 2º dedo na II corda, o que prepara para, no c. 64, o último glissando partindo da nota mi bemol até o si natural, ainda na II corda.

Figura 33 – c. 62 - 64

Passa, então para a última parte da música, que é uma reprise da primeira (A'), com a exceção da terminação, em arpejo sobre a tríade da Tônica de Eb menor (mi bemol - sol bemol - si bemol).

Esta é realizada iniciando na 4ª posição, com o 2º dedo na nota mi bemol, mudando para a sexta posição com o 1º dedo na nota sol bemol, seguindo com outra mudança, agora para a 9ª posição, na I corda, novamente com o 1º dedo na nota sol bemol e, para finalizar a peça, muda com o 3º dedo da nota si bemol para a nota mi bemol. Este dedo, assim como citado anteriormente vibra melhor do que o quarto.

Figura 34 – c. 65 - 66

Profº. Natan realiza este vibrato final em pianíssimo, com precisão e elegância, encerrando assim, a 2ª Valsa de esquina, de Francisco Mignone.

Anotações pessoais de arcadas e dedilhados

Apreciações da crítica

Natan Schwartzman desempenhou com delicada virtuosidade e profundo senso de intimismo a parte solista desta obra esplêndida (Concerto em ré opus 61 de Beethoven). Natan fez aí o seu violino falar uma linguagem sonora feita de sonho e espiritualidade.
"O ESTADO DE SÃO PAULO" – Crítico Musical: CALDEIRA FILHO

Realmente, Natan Schwartzman possui o porte, em técnica e musicalidade, do autêntico "virtuose". Executa com autoridade, largueza, penetração expressiva e inegável comunicabilidade.
"O ESTADO DE SÃO PAULO" – CALDEIRA FILHO

O solista Natan Schwartzman executou o Concerto de Vieuxtemps com sentimento comunicativo, com um domínio absoluto da técnica. Viu-se ali um artista vigilante, muito seguro de seus recursos expressivos.
"FOLHA DE SÃO PAULO" – Crítico Musical: ALBERTO RICARDI

Com uma afinação que se mostrou excelente em todos os momentos, uma sonoridade cantante e de grande amplitude, uma execução segura e de vibrante comunicabilidade, Natan Schwartzman primou, em todas as peças, pela finura e pelo equilíbrio da construção interpretativa.
"DIÁRIO DE SÃO PAULO" – CYRO MONTEIRO BRISOLLA

Natan Schwartzman não é somente um "virtuose" de seu instrumento. Ele já tem em suas mãos o cetro que poderá colocá-lo entre os maiores violonistas de nossa época. Sua segurança, seu domínio do instrumento, sua musicalidade e consciência estilística são incomuns mesmo entre artistas de categoria.
"CORREIO PAULISTANO" – RANGEL BANDEIRA

Sempre muito aplaudido pelo numerosíssimo público que lotava o Municipal, apesar da noite chuvosa, Natan Schwartzman voltou várias vezes à cena a fim de agradecer a ovação que lhe foi tributada.
"SHOPPING NEWS DE SÃO PAULO"

Seu recital no Teatro Municipal do Rio de Janeiro, com o valioso concurso de Fritz Jank ao piano, surpreendeu, logo de início, pelo teor da matéria sonora extraída do violino. A sonoridade de Natan Schwartzman é invulgarmente grande e, ao final do programa, viu-se pelo público insistentemente saudado, como um dos melhores violinistas que temos ultimamente ouvido.
"CORREIO DA MANHÃ" – Rio de Janeiro – Crítico Musical: EURICO NOGUEIRA FRANÇA

Em Natan Schwartzman avultam os predicados que indicam o violinista de classe internacional.
"DIÁRIO DE NOTÍCIAS" – Rio de Janeiro – MAGDA GAMA OLIVEIRA

Natan Schwartzman ostenta uma sonoridade cheia e vibrante apoiada numa técnica amadurecida e num arco seguríssimo.
"JORNAL DO BRASIL" – Rio de Janeiro – RENZO MASSARANI

Extraordinário temperamento artístico.
"O GLOBO" – Rio de Janeiro – ANTONIO HERNANDEZ

O violino de Natan fazendo flutuar nas cadeiras, corpos subitamente sem peso. Diria também quase que levitação, se não fosse exagerar.
"A TRIBUNA DE SANTOS" – Santos – LYDIA FEDERICI

Possuidor de uma técnica que só pode ser adquirida através de estudo meticuloso, inteligente e bem orientado. Sua sonoridade, cálida e macia merece destaque, como também suas arcadas.
"A HORA" – Porto Alegre

De fato, nota-se em Natan Schwartzman em temperamento expressivo que lhe permite dar maior relevo a qualquer página interpretada.
"FOLHA DA TARDE" – Porto Alegre

Natan Schwartzman é intérprete que se caracteriza pelo vigor, técnica e domínio de seu instrumento.
"CORREIO DO POVO" – Porto Alegre

Natan Schwartzman empolgou o público com suas magníficas interpretações.
"TRIBUNA DO NORTE" – Natal

Natan Schwartzman foi o solista do concerto de Mendelssohn para violino e Orquestra. Compreensão admirável do fraseado, técnica de qualidade, grande sensibilidade, sonoridade bonita, foram qualidades percebidas já no primeiro movimento.
"JORNAL DO COMÉRCIO" – Recife

Artista de amplas possibilidades técnicas e interpretativas.
"O ESTADO DE MINAS" – Belo Horizonte – Crítico Musical: CELSO BRANT

Natan Schwartzman has developed a wide bowing arm and keeps most of his fingering tense so as to send the pitch right through middle of the note. In a string player, this is a virtue. His reading of Brahms Sonata, opus 108 was the best performance I have ever heard at the Pan American Union.
"THE EVENING STAR" – Washington – LAURENCE SEARS

Natan Schwartzman impressed as a technician of authority. He makes hard music look and sound easy.
"THE NEW YORK TIMES" – HOWARD KLEIN

Natan Schwartzman´s tone, was sturdy, capable of delicate coloration. He has exceptional ease of bow-arm and finger technique, while his intonation is impeccable.
"THE PHILADELPHIA INQUIRER" – SAMUEL SINGER

Sonoridade magnífica, arcada segura, firme e bem conduzida, perfeita afinação.
"O ESTADO DA BAHIA"

O concerto de Max Bruch, pelo arco inspirado de Natan Schwartzman, foi magistralmente vertido.
"DIÁRIO POPULAR" – JOSÉ DA VEIGA OLIVEIRA

Interpretando Max Bruch, Natan mostrou-se o violinista notável a que todos muito admiramos pelas altíssimas qualidades que integram sua organização artística.
"SHOPPING NEWS" – SILVEIRA PEIXOTO

Sua execução do concerto de Max Bruch foi magistral. Sua interpretação ressaltou todas as nuances da obra, graças ao fraseado expressivo alem de vigorosas cordas duplas e ótimos "vibrati" no Allegro Final.
"DIÁRIO DE SÃO PAULO" – LUIZ ELLMERICH

No concerto em Lá Maior nº 5, kV. 219, de Mozart, o violinista Natan Schwartzman demonstrou alta classe interpretativa, pureza sonora, ubiquidade estilística e irrepreensível fraseado.
"DIÁRIO POPULAR" – JOSÉ DA VEIGA OLIVEIRA

O concerto de Vieuxtemps teve em Natan Schwartzman um solista exuberante numa interpretação de alta musicalidade.
"O ESTADO DE SÃO PAULO" – LÉA VINOCUR FREITAG

Natan Schwartzman foi um solista de altíssimo nível numa interpretação madura.
"CORREIO POPULAR" – Campinas – JOSÉ ALEXANDRE DOS S. RIBEIRO

Natan Schwartzman apresenta uma união perfeita entre técnica e sensibilidade.
"THE TIMES" – Londres

A execução de Natan Schwartzman revela ótima qualidade violinística e notável musicalidade.
"SALVATORE ACCARDO"– Roma

Natan Schwartzman confirmou sua excepcional classe interpretativa, tangendo ululando diabolicamente seu violino, tal como fazia Paganini, o violinista do inferno.
"DIÁRIO POPULAR" – São Paulo – JOSÉ DA VEIGA OLIVEIRA

Natan Schwartzman com muita firmeza no arco e sonoridade realmente bela.
"CORREIO BRAZILIENSE" – CLAVER FILHO

Violinista perfeito, Natan Schwartzman demonstrou sólida base técnica.
"MANCHETE" – Rio de Janeiro – EURICO NOGUEIRA FRANÇA

Natan Schwartzman tem um grande domínio do arco com um temperamento brilhante, comunicativo. Sua facilidade é tal, que sentimos violino e pessoa uma coisa só.
"JORNAL DE HOJE" – Campinas – HELENICE ALMEIDA PRADO

O concerto de Hekel Tavares com solo do violinista Natan Schwartzman foi o momento alto da noite. O público na escondeu seu entusiasmo e aplaudiu tão vibrantemente que o violinista cedeu ao apelo e bisou o último movimento com renovada emoção.
"ZERO HORA" – Porto Alegre – JUSSARA PORTO

Figura simpática e comunicativa, a de Natan Schwartzman, além de seus atributos artísticos, fácil lhe foi conquistar a assistência de arremesso.
"CORREIO DO POVO" – Porto Alegre – PAULO ANTONIO

O som redondo de Natan Schwartzman, rico em timbres e colorido expandiu o legato e lirismo de Veracini, a leveza de Mozart e o arrebatamento de Schumann.
"O ESTADO DE SÃO PAULO" – LÉA V. FREITAG

O recente concerto de Natan Schwartzman no Teatro Municipal de Santos, agradou em cheio. Uma numerosa plateia aplaudiu entusiasticamente e de pé.
"A TRIBUNA DE SANTOS" – GIL NUNO VAZ

Natan Schwartzman foi a atração no concerto do IBAM demonstrando uma alta disposição técnica e vigor interpretativo.
"JORNAL DO BRASIL" – Rio de Janeiro – RONALDO MIRANDA

Quando Natan Schwartzman começou a tocar a frase inicial do Concerto Mendelssohn, evidenciou-se que estávamos em presença de um intérprete bem qualificado pela beleza de sonoridade, arcada sensível e temperamento romântico. Conduzindo-se daí por diante com domínio, iria mais longe na ostentação de suas virtudes musicais e de seu equipamento técnico.
"CORREIO DO POVO" – Porto Alegre - PAULO ANTONIO

La insistência del publico exigió a Natan Schwartzman volver al escenario para interpretar dos obras de Paganini. Aqui el virtuosismo del violinista fué premiado com una prolongada salva de aplausos.
"ABC-ASSUNCIÓN" – Paraguay – CARLOS RUFINELLI (1983)

Natan Schwartzman es uno de los mãs perfectos violonistas que he oido. El publico quedó extatico con la tecnica de Natan Schwartzman.
"ABC-ASSUNCIÓN" – Paraguay – CLEMENTE Mc NASPY (1983)

Confesso que gosto demais de violino. E quando tocado assim como Natan Schwartzman toca, por exemplo a Sonata nº 4 de Camargo Guarnieri, sinto-me arrebatado.
FERNANDO GÓES" – Academia Paulista de Letras

KONZERT.

Solo-Violine.

I. Vorspiel

Max Bruch, Op. 26

Anotações pessoais de arcadas e dedilhados

Das Orchestermaterial ist auch in der Edition Peters erschienen
Edition Peters.
11067

Cronologia – Natan Schwartzman

1930

Nasce em Niterói, Rio de Janeiro, no dia 28 de fevereiro. É registrado em 08 de março.

1940

Primeiro lugar aos 10 anos de idade, no concurso promovido pelo Conservatório de Niterói. Prêmio: 200.000 réis.

1942

Recital de alunos do Conservatório de Música do Distrito Federal como aluno do professor Edgardo Guerra.

1946

No dia 16 de novembro, Recital aos 16 anos na Escola Nacional de Música, no Rio de Janeiro, como aluno da professora Paulina D'Ambrosio. No programa Concerto de Max Bruch, Prelúdio e Allegro de Kreisler, Rondó de Schubert e Introdução e Rondó Caprichoso. Ao piano: Otto Jordan.

1947

17 de maio: apresentação para o famosíssimo Zino Francescatti que o recomendou ao professor Ivan Galamian em Nova Iorque.
Em 20 de julho – embarque para Nova Iorque para estudar com Galamian.

1948

Exame de admissão à Juilliard School. É indicado para a 3ª Orquestra Sinfônica da Juilliard.

1949

Visita ao Brasil - no dia 22 de agosto, Recital no Municipal de Niterói. Concerto n.º 3 de Mozart – Beethoven – Romance em Sol, Rimsky–Korsakoff – o Voo do Besouro, Wieniawsky–Polonaise brilhante.
É indicado para a 2ª Orquestra Sinfônica da Juilliard como violino *spalla*.

1951

Vencedor do concurso para violino *spalla* da 1ª Orquestra Sinfônica da Juilliard School cujo maestro é Jean Morel.
Leitura à primeira vista: Morte e Transfiguração de Richard
Strauss e execução do 1º movimento do Concerto de Paganini.
Começa a receber aulas de Joseph Fuchs.
Dia 1º de junho – Graduação pela Juilliard.
Visita ao Brasil, dia 1º de agosto, Recital na Rádio Roquete Pinto.
Dia 15 de setembro, no Rio de Janeiro, Recital na Escola Nacional de Música – ao piano: Alceu Bocchino.

Dia 1 de outubro – Campos – Estado do Rio – Recital.
Dia 3 de outubro – Rio de Janeiro: Festivais "G.E" – Orquestra da Rádio Nacional – regente: Peracchi – Allegro de Fiocco e Nigun de Bloch.

1952

Curso de pós-graduação na Juilliard em Nova Iorque, no dia 11 de março.
No dia 12 de maio – Recitais na International House, na Wnyc e na Union Panamericana em Washington.
Em Agosto retorno ao Brasil.
No dia 27 de outubro – Recital no importantíssimo programa "Ondas Musicais".

1953

No dia 15 de janeiro – Niterói, Recital no Municipal. Ao piano: Peracchi.
No mês de abril: Concurso para *spalla* da Orquestra Estadual de São Paulo classificado em 1º lugar. Banca examinadora: Eleazar de Carvalho, Souza Lima, Armando Belardi, Camargo Guarnieri, Edoardo de Guarnieri e Bernardo Federowsky.
No dia 20 de outubro – Concerto de estreia em São Paulo – solista da Orquestra Municipal de São Paulo com a regência de Souza Lima executando o 4º Concerto de Vieuxtemps. Número bis: "O Staccato" de Wieniawsky.

1954 / 1955 / 1956

Recitais e concertos por várias cidades brasileiras: São Paulo, Curitiba, Porto Alegre, Pelotas, Rio de Janeiro, Vitória, Lins, Belo Horizonte, Santos, Petrópolis, Piracicaba, Salvador, Recife, Campos (Estado do Rio), Sergipe, Alagoas, Maranhão, Belém do Pará, Ceará, Ilhéus, Campina Grande (Paraíba), Natal, Ponta Grossa, Bauru.

No dia 3 de abril de 1954 – 1º Concerto como solista da Orquestra Sinfônica Brasileira. Maestro: Eleazar de Carvalho – solista: Natan - Concerto n.º 3 de Mozart.

1957

Dia 13 de janeiro: casamento com Meri Debski.
Solista da Sinfônica Municipal executando a Sinfonia Espanhola de Lalo. Regente: Souza Lima. Programa semanal na televisão Tupi.
Convidado pela Embaixada da Inglaterra para receber aulas do maior professor de violino da Europa, Max Rostal, em Londres.
Dia 28 de setembro – embarque para Londres no navio Alcântara acompanhado de sua esposa Meri.
Em outubro – chegada a Southampton e mais duas horas de trem até Londres.
Inicio das aulas com Rostal.

1958

Continuação das aulas com Rostal.
No dia 3 de junho – Recital na Anglo Brazilian Society executando pela primeira vez a Sonata de César Frank.
Gravações na B.B.C de Londres após o concurso realizado nos estúdios de Maida Vale, sendo aprovado pela banca julgadora.
Em setembro – regresso ao Brasil e reintegrado à Orquestra Municipal de São Paulo.

1959

No dia 21 de abril: Recital patrocinado pela Sociedade de Cultura Artística de São Paulo com o programa incluindo a

Sonata de César Frank, o Poema de Chausson e a Campanella de Paganini. Ao piano: Fritz Jank.
Recitais em Marília, Bebedouro, Bauru, Araraquara, Franca, São Carlos, Rio Claro, Campinas, Taubaté, Sorocaba, Niterói, São José do Rio Pardo (Semana Euclidiana).
Solista da Orquestra de Câmara de São Paulo sob a regência do maestro G. Olivier Toni, executando o Concerto n.º 3 de Mozart.
Solista da Orquestra da Rádio Gazeta de São Paulo executando o Concerto n.º 3 de Mozart. Regente: Edoardo de Guarnieri.
No dia 8 de dezembro: Recital na Rádio Gazeta com Fritz Jank.

1960

Dia 11 de fevereiro em São Paulo: Recital na televisão Tupi, canal 3 (Bach, Schubert, Beethoven, Paganini e Carlos Gomes).
Dia 16 de março em São Paulo: Recital no canal 5 programa "TV Concerto".
Dia 06 de abril: Orquestra de Câmara de São Paulo – Concerto Grosso para 2 violinos e o cello: Natan, Alejandro Ramirez e Frederico Capella. Regente: Olivier Toni.
Dia 9 de abril em Niterói: Recital no Municipal com Fritz Jank ao piano (Sonata César Franck – Poema de Chausson – Arias Ciganas – Sarasate).
Dia 15 de abril: Recital Televisão Record.
Convidado pela Comissão Estadual de Música para realizar 15 concertos por cidades do interior: Bauru, Marilia, Lins, São José do Rio Preto, Barretos, Franca, Ribeirão Preto, Araraquara, São Carlos, Rio Claro, Piracicaba, Campinas, São José dos Campos, Taubaté e Sorocaba. Acompanhamentos ao piano: Oleg Kusnetzoff.
Dia 11 de agosto – São José do Rio Pardo. Recital na "Semana Euclidiana", ao piano: Alberto Salles.
Dia 17 de agosto em Santos – Associação dos Médicos de Santos, Recital com Alberto Salles ao piano.
Dia 19 de agosto – Festival Camargo Guarnieri em Belo Horizonte. Recital com o compositor ao piano.

Dia 7 de outubro, em São Paulo – Festival de Música. Recital com Fritz Jank. 1ª audição da Sonata n.º 4 de Camargo Guarnieri.

Dia 17 de outubro, em São Paulo – Festival Mozart no Teatro Municipal. Orquestra de Câmara de São Paulo. Regente: Olivier Toni. Concerto n.º 3.

Dia 14 de novembro no Rio de Janeiro – Teatro Municipal.

Recital na Sociedade Cultura Artística com Gilberto Tinetti ao piano.

Dia 03 de dezembro em Santos – Recital na Sociedade Italiana de Beneficência com Oleg Kusnetzoff ao piano.

Em São Paulo – vencedor, em 1º lugar, de dois concursos em 4 dias. O primeiro para oficializar seu título de professor da Orquestra do Teatro Municipal e o segundo no "Concurso de interpretação violinística". Banca julgadora: Souza Lima, Armando Belardi, Edoardo Guarnieri, Roberto Schnorremberg, Altéia Alimonda e Rossini Tavares de Lima.

1961

Dia 29 de janeiro – Concerto no Teatro Municipal de São Paulo comemorando o cinquentenário do Teatro Municipal.

Orquestra Sinfônica das Emissoras Associadas. Regente: Bernardo Federowsky. Solista: Natan Schwartzman.

Fevereiro – Concurso para preenchimento oficial das vagas de 1º violino da Orquestra Sinfônica Municipal de São Paulo conquistando o 1º lugar com 138 pontos; em 2º lugar Alfredo Vidal com 101 pontos e em 3º lugar Jorge Salim com 83 pontos.

Recital do Clube Atlético Monte Líbano.

Recital em São José do Rio Pardo – Semana Euclidiana.

Recital em Tatuí – Semana Paulo Setubal.

As 10 Sonatas de Beethoven com Souza Lima ao piano e Natan ao violino. Residência dos César Giorgi. Comentários do crítico musical Caldeira Filho.

1962

Recital no Municipal pelos 50 anos da Sociedade de Cultura Artística.
Concerto com a Orquestra das Emissoras Associadas (Tupi) – Introdução e Rondó Caprichoso – Regente: Federowsky.
Recital no Clube A Hebraica.
Recital em Salvador pela Sociedade de Cultura Artística da Bahia.
Recital em São Paulo pela Sociedade de Cultura Artística de São Paulo.
Recitais em Caxias do Sul, Passo Fundo, Ijui e Porto Alegre.

1963

Recitais em Guaxupé (Minas Gerais), Amparo e Marília.
Recital na Loja Maçônica Rei Salomão – ao piano Oleg Kustnezoff,
Solista Concerto n.º 4 Vieuxtemps – Orquestra das Emissoras Associadas (Tupi). Regente: Federowsky.

1964

Recital no Municipal de São Paulo – ao piano Fritz Jank.
Solista da Orquestra de Recife (Concerto de Mendelssohn)
Regente: Fittipaldi – Teatro Santa Isabel.
Recital Rádio Jornal do Comércio – Recife.

Professor da Universidade Nacional de Brasília (UnB), convidado pelo reitor Zeferino Vaz e pelo diretor do Departamento de Música, maestro e compositor Cláudio Santoro.
Recital em Brasília, ao piano: Neuza França. *Spalla* da Orquestra de cordas da UnB "As 4 estações de Vivaldi – Maestro Cláudio Santoro.
Recital em Goiânia, ao piano: Neuza França.
Recital na TV Rádio Clube Goiânia.
Solista da Orquestra Sinfônica das Emissoras Associadas Concerto de Mendelssohn – regente: Bernardo Federowsky.
Convite do Coronel Golbery para tocar no Palácio do Planalto. Os visitantes aguardados eram: Giuseppe Saragat, presidente da Itália; Xainxá e a imperatriz do Irã, Sra. Farah Diba; Grão Duque e Grã Duquesa de Luxemburgo; Sr. e Sra. Zalman, presidente de Israel; o príncipe e a princesa, herdeiros do trono japonês; Rei Olav V da Noruega e a Rainha Elisabeth da Inglaterra.

1965

Prêmio Melhor do Ano de 1964 outorgado pela
Associação de Críticos do Estado de São Paulo.
Recital Paganini na UnB.
Solista da Orquestra da TV Globo.
Concerto de Mendelssohn – maestro Isaac Karabtchewsky.
10 Sonatas de Beethoven, para violino e piano nos dias 21, 23 e 25 de novembro. Ao piano Fritz Jank.

1966

Ciclo integral das 10 Sonatas de Beethoven em Curitiba nos dias 24, 25 e 26 de março no auditório da Universidade do Paraná. Ao piano: Fritz Jank.

Dia 29 de março – Centro de Expansão Cultural de Santos.
Recitais: Ponta Grossa, Brasília, São Paulo, Recife, Uberlândia, São José do Rio Pardo (Casa Euclidiana).
Missão cultural patrocinada pelo Ministério das Relações Exteriores (Itamarati) realizando 11 recitais nos Estados Unidos, tendo como acompanhador ao piano Gerardo Parente. Miami, Nova Orleans, Houston, Los Angeles, San Francisco, Portland, Chicago, Boston, Nova Iorque, Filadelfia e Washington.

1967

Rio de Janeiro, Recital no Teatro Municipal com Fritz Jank ao piano.
Recitais: Piracicaba, Brasília (ao piano: Neusa França) inaugura o 1º Festival de Música Erudita em Goiás.

1968

Recitais: Brasília, Rio de Janeiro (canal 4), Campo Grande (Mato Grosso) ao piano: Fritz Jank.

1969

Recital de despedida de Brasília na Sala Martins Pena com Heloisa Barra Jardim ao piano. No programa Sonatas de Vivaldi, Veracini, Mozart, Noturno de Kachaturian, Dança Eslava de Dvorak, Suk, Edgardo Guerra - Paganini.
Retorno a São Paulo.
Recital em Campo Grande com Heloisa Barra Jardim ao piano.
Recital TV Cultura – Tupaciguara (Minas Gerais).
Recital no auditório Itália, São Paulo.

Solista da Orquestra Municipal no Concerto n.º 4 de Vieuxtemps, sob a regência do maestro argentino Pedro Calderón.

1970

Festival de Música de Curitiba – trio opus 70 n.º 1 de Beethoven com Berenice Menegale ao piano e Watson Clis ao violoncelo. Heitor Villa Lobos – Duo para violino e viola com Perez Dworecki.
Cinquentenário de Lins, São Paulo.
Recital na TV Cultura com Fritz Jank.
Recital em Santos – ao piano Yone Mesquita.
Inauguração dos Festivais de Inverno em Campos do Jordão, no governo de Abreu Sodré, idealizado por Luiz Arrobas Martins.
Recital realizado no Palácio da Boa Vista no dia 25 de julho de 1970 com o pianista Cláudio de Brito.
Teatro Municipal: Trio de Beethoven, Serenata opus 25 com Grace Bush e Perez Dworecki.
Recital em Lorena com a pianista Berenice Menegale.
TV Cultura – Trio Arquiduque com Jank e Corazza em 08 de dezembro de 1970.

1971

Contratado pela Universidade Estadual de Campinas para professor de violino e supervisor do departamento de cordas.
Recital n´ A Hebraica com Gaó ao piano.
Recital em Uberaba, no Jóquei Clube.
Recital de Sonatas (Leclair, Beethoven, César Franck) no Centro de Ciências Artes e Letras de Campinas com a pianista Bárbara Brieger em 14 de setembro de 1971.
Recital no Club Atlhetico Paulistano
Festival de Música Erudita em Goiânia no mês de outubro.

Solista com a Orquestra Filarmônica de São Paulo, sob a regência do maestro Simon Blech executando o Concerto de Beethoven, no Teatro Municipal dia 26 de outubro.
Música Barroca na Unicamp.
Noite brasileira no Club Atlhetico Paulistano, ao piano Fernando Berti.

1972

Recital TV Cultura.
Solista da Orquestra Municipal executando Concerto n.º 5 de Mozart, maestro suíço Ernest Bour em 18 de agosto.
Recital em Pindamonhangaba, ao piano: Selma Asprino.
Recital em Sorocaba, ao piano: Selma Asprino.
Recital na Unicamp, Trio Arquiduque com Fernando Lopes e Antonio Del Claro.
A truta de Schubert – Lopes - Del Claro - Bela Mori e Sandor.
Recital no National Club de São Paulo, ao piano: Miguel Proença comentários de Caldeira Filho.
Paraninfo das formandas do Conservatório Estadual de Música
"Renato Frateschi" de Uberaba, Minas Gerais.
Homenagem ao maestro Souza Lima em Campinas no dia 14 de dezembro.

1973

134º aniversário de elevação de Santos à categoria de cidade. 26 de janeiro de 1973. Recital com Ediná Pinheiro Strehler ao piano. Inauguração do Teatro Municipal de Santos.
Recital Belo Horizonte.
TV Cultura, ao piano Gaó.
Museu de Arte de São Paulo com Eudóxia de Barros ao piano e Del Claro no cello.

Noite de música brasileira em Santos com Eudóxia de Barros ao piano e Del Claro no cello.
Noite de música brasileira em Campinas com Eudóxia de Barros ao piano e Del Claro no cello.
Piracicaba – Gaó ao piano.
Unicamp – ao piano Maria Jaci Toffano.
Orquestra de Câmara da Unicamp – regente e solista Natan.
Hebraica – Trio com Sônia Muniz e Calixto Corazza.
Ribeirão Preto – ao piano Eudóxia de Barros.
Santos – ao piano Eudóxia de Barros.
Uberlândia – Trio com Tereza Lomonaco e Thomaz Lanz.
São Paulo – auditório da Associação Paulista de Medicina com a colaboração da violinista Adelci Paulino e do pianista Almeida Prado.
Hebraica – 20º aniversário – Recital com Eudóxia de Barros.
Paraninfo dos formandos da Faculdade de Artes de Uberlândia no dia 13 de dezembro.

1974

Encontros com Bach – Concerto em lá menor – Orquestra Sinfônica Estadual, regente Eleazar de Carvalho.
Recitais no Rio Grande do Sul, cidades: Nova Hamburgo, Santa Cruz do Sul, Lajeado, ao piano Eudóxia Barros.
Concerto com a Orquestra Sinfônica de Santos com o regente Bruno Rocella – Concerto n.º 3 de Mozart.
Recital na Unicamp.
Convidado pela Orquestra Sinfônica Estadual, sob a regência de Eleazar de Carvalho para tocar o Concerto para 2 violinos de Bach com o "virtuoso" Yehudi Menuhin. Na última hora, Menuhin desistiu da viagem, pois em São Paulo grassava um surto de meningite. Em 28 de junho.
Membro da banca julgadora no Concurso para violino e piano, em Sorocaba.
Recital em Barretos, ao piano Eudóxia de Barros.

Recital em Jaboticabal, ao piano Eudóxia de Barros.
Recital em São José do Rio Preto, ao piano Eudóxia de Barros.
Recital em São Carlos, ao piano Eudóxia de Barros.
Recital em Campinas, ao piano Eudóxia de Barros.
Recital em Belo Horizonte, ao piano Eudóxia de Barros.
Concerto com a Sinfônica de Santos, sob a regência de Bruno Rocella.
Concerto de Vivaldi para 4 violinos. Solistas: Natan Schwartzman, Adelci Groia Paulino, Olavo de Almeida, Marina Agapito.

1975

Curitiba, Festival de Música no mês de janeiro.
Em São Paulo, Recital no Teatro São Pedro, ao piano Fernando Lopes.
Campo do Jordão, Festival de Inverno, Recital com Fernando Lopes ao piano.
São Paulo, Concerto no Municipal, Regente Camargo Guarnieri, concerto n.º 5 de Mozart, no dia 22 de julho.
Unicamp no dia 28 de julho, Recital com Fernando Lopes.
São Paulo, no Teatro Municipal, Maestro Gerard Devos, Concerto de Max Bruch.
São Paulo, Parque Morumbi, programa violino solo (Bach-Paganini).
Campinas, Recital com Fernando Lopes ao piano.
Campinas – Centro de Ciências Artes e Letras.
Duo Unicamp – Natan Schvartzman e Fernando Lopes.
Recital em Rio Claro com Fernando Lopes ao piano.
Recital em São Paulo no auditório das Faculdades Integradas Alcântara Machado, ao piano Fernando Lopes.
Recital em São Paulo – Municipal - Duo Unicamp.

1976

Escolhido pela Associação de Críticos de São Paulo como melhor solista em 1975.
Encontros com Bach – Concerto em lá menor. Orquestra Sinfônica Estadual e Eleazar de Carvalho.
Solista da Orquestra Sinfônica de Porto Alegre, Concerto n.º 5 de Mozart. Regente: John Neschling.
Estreia do Quarteto Martins Fontes da Prefeitura de Santos em 20 de abril de 1976 no Centro de Cultura de Santos com os seguintes componentes: Natan Schwartzman, Adelci Groia Paulino, Bela Mori e Orsini de Campos com o seguinte programa: Quarteto opus 3 n.º 5 de Haydu; Quarteto de Mozart K.157, e o Quarteto opus 18 n.º 4 de Beethoven além da estreia mundial da peça do compositor santista Almeida Prado, denominada Movimento Contínuo.
Recital em Petrópolis, ao piano Fernando Lopes.
Festival de Inverno de Campos do Jordão.
Recital em Campinas no Centro de Ciências Artes e Letras. Ao piano Fernando Lopes.
Concerto no Rio de Janeiro, solista da Sinfônica Nacional.
Concerto de Max Bruch – regente Ronaldo Bologna.
Quarteto Martins Fontes: Concerto na Associação dos Médicos de Santos.
Recital no Paraguai, patrocinado pelo Itamarati com o Duo Unicamp, além de palestra do Reitor Zeferino Vaz. Local: Centro de Estudos Brasileiro.
Recital em Ribeirão Preto. Ao piano Edith Kielgast.
Recital em Limeira. Ao piano Edith Kielgast.
Recital em São Carlos. Ao piano Fernando Lopes.
Recital em Piracicaba. Ao piano Fernando Lopes.

1977

Festival de Música de Curitiba no dia 02 de fevereiro.

Quinteto de César Franck com Maria Vischnia violino, Henrique Nirenberg viola, Kubala violoncelo e Cláudio de Brito piano.

Centro Campestre do Sesc São Paulo – Recital.

Recital em Brasília – ao piano Fernando Lopes – Duo Unicamp.

Recital em Goiânia – Duo Unicamp.

Encontros com Beethoven, sesquicentenário da morte – Teatro São Pedro. Os dois romances opus 40 e opus 50.

Ribeirão Preto – Concerto com a Sinfônica – Concerto de Mozart n.º 3 com regência de José Villegas Neto. Teatro Pedro II

Festival de Inverno de Campos do Jordão – julho de 1977.

Rio de Janeiro – Recital no IBAM – 3 Sonatas de Beethoven (6-7-8) com o pianista Fernando Lopes.

Santo André – Recital Beethoven com Saul de Almeida ao piano.

Rio de Janeiro Sondotécnica – Recital com Almeida Prado.

Ribeirão Preto – SESC Recital – ao piano Saul de Almeida.

São Paulo – Casa da Manchete – ao piano Fernando Lopes.

São Paulo – Municipal – Recital – ao piano Fernando Lopes.

Programa "Camargo Guarnieri" – Canção Sertaneja-Encantamento e Sonata n.º 4.

26/11/1977 – Campinas – Recital de Sonatas (Brahms – Beethoven e Camargo Guarnieri) ao piano: Fernando Lopes.

1978

Excursão à Europa – Recitais em Paris e Londres, acompanhado do pianista Fernando Lopes.

Recital em Paris, patrocinado pela Embaixada Brasileira, no auditório da Embaixada 34, Cours Albert Ier Paris 8 e no dia 13 de fevereiro de 1978.

Recital em Londres no dia 16 de fevereiro no Purcell Room.

Programa de Paris e Londres: Sonata de Vivaldi; Sonata em dó menor, n.º 7, opus 30 n.º 2 – Beethoven; Sonata n.º 4 – Camargo Guarnieri; Sonata n.º 3 – Brahms.

Embarque dia 1º de fevereiro e regresso 12 de março, visita Roma – Amsterdã – Berna (quando encontra no Conservatório o caro professor Max Rostal).

Geneve – Madrid

Em Roma, acompanhado ao piano por Jacques Klein, toca um Recital para o celebre violinista Salvatore Accardo.

São Paulo, Recital no Club Atlhetico Paulistano – ao piano Saul de Almeida.

São Paulo – Solista da Orquestra Sinfônica Estadual de São Paulo, regente Eleazar de Carvalho – Concerto de Mendelssohn – 12 e 13 de junho 1978.

Rio de Janeiro – Sala Cecília Meireles – ao piano Jacques Klein – Sonatas Mozart – Beethoven e Brahms, 13 de julho.

São José dos Campos – Recital – ao piano Fernando Lopes.

São Carlos, Catanduva, Santos, Bauru, Campinas – patrocínio SESC.

São Paulo, Recital na Casa da Manchete com Jacques Klein ao piano.

Araçatuba, Recital: ao piano Maria Cecília Raab Forastieri, em 9 de dezembro de 1978.

1979

Campinas: Schubert – Beethoven – Leclair – Trio para violino, viola e piano com Fernando Lopes e Gualberto Estades, em 15 de fevereiro no Teatro Castro Mendes.

São Paulo: Recital no MASP com Fernando Lopes ao piano.

São Paulo: Orquestra Sinfônica Estadual – regente: Eleazar de Carvalho, Vivaldi – Concerto para 4 violinos – Natan, Oscar Lafer, Ariane Pfister e Cussy de Almeida, em 2 de abril.

Ribeirão Preto: SESC – Recital com Acchile Picchi ao piano, em 25 de junho.

São José dos Campos: Recital com Acchile Picchi ao piano.

Campos de Jordão: Festival de Inverno – Duo Unicamp, em 27 de julho.

Campinas: Orquestra Municipal – regente: Benito Juarez, Concerto de Vieuxtemps n.º 4, em 9 de novembro.
Bertioga: Recital solo, em 17 de novembro.
Rio de Janeiro: Corredor cultural – ao piano: Picchi, em 22 de novembro.
Petrópolis: SESC – Recital com Picchi (Palácio de Cristal), em 24 de novembro.
Campinas: Centro de Ciências Artes e Letras – Recital com Eudóxia de Barros ao piano, em 18 de dezembro.

1980

São Paulo: Sesi – Recital com Amaral Vieira ao piano.
São Paulo: Aliança Francesa – Recital com Saul de Almeida ao piano.
São Paulo: Club Atlético Paulistano – Recital com Saul de Almeida ao piano.
São Paulo: Casa das Retortas – Recital com Saul de Almeida ao piano.
São Paulo: Orquestra Sinfônica Estadual – regente: Eleazar de Carvalho, Concerto n.º 4 de Vieuxtemps.
São João da Boa Vista: Orquestra de Campinas – regente: Benito Juarez, Concerto n.º 4 de Vieuxtemps.
São Paulo: Orquestra Sinfônica de Campinas – regente: Benito Juarez.
São Paulo: Teatro Cultura Artística, Concerto de Mendelssohn.
Campos do Jordão: Festival de Inverno – Recital com Amaral Vieira ao piano.
São Paulo: Concerto no Parque do Carmo – Solista da Orquestra Sinfônica Brasileira – regente: Karabtchevsky, em 24 de agosto.
Rio de Janeiro: Concerto da Orquestra Sinfônica Brasileira – regente: Bernardo Federowsky – Vieuxtemps.
Campinas: Centro de Ciências, Artes e Letras – Recital com Saul de Almeida ao piano.
São Paulo: Municipal – Recital com Saul de Almeida ao piano, em 21 de setembro.
Niterói: Auditório da Reitoria da Universidade Federal Fluminense – Recital com Saul de Almeida ao piano, em 6 de outubro.

São Paulo: Biblioteca Municipal, com o patrocínio do Consulado da Áustria – Recital com Saul de Almeida ao piano, em 16 de outubro, às 18:30 horas.
São Paulo: Club Atlético Paulistano – Recital com Saul de Almeida ao piano, em 16 de outubro, às 21 horas.
São Paulo: Recital na TV canal Cultura – Programa Paganini, em 10 de novembro.
Rio de Janeiro: Teatro Rio-Planetário – Recital com Laís de Souza Brasil ao piano, em 12 de novembro.
Araçatuba: Senac – Recital com Cecília Raab ao piano, em 9 de dezembro.

1981

Escolhido como o melhor solista de 1980, pela Associação de Críticos Paulistas.
Guarujá: Teatro Municipal – Recital com Eudóxia de Barros, em 5 de fevereiro.
São Paulo: Club Atlético Paulistano – Recital com Picchi ao piano.
Santos: Concerto do Quarteto Martins Fontes com Natan, Adelci, Bela Mori e Paulo Taccetti, em 14 de abril.
São Paulo: Encontros com o Barroco – Orquestra Estadual – regente: Eleazar de Carvalho. Vivaldi – Concerto para 4 violinos: Natan, Rafael Garcia, Ayrton Pinto e Cussy de Almeida, em 27 de abril.
Campinas: Unicamp – Recital com Almeida Prado ao piano, em 29 de abril.
São Paulo: Concerto no Horto Florestal – maestro Colacciopo, Concerto Vieuxtemps, em 1º de maio.
São Paulo: Concerto Orquestra Sinfônica Estadual – regente: Eleazar de Carvalho, Concerto em Mi Maior de Bach no Teatro Cultura Artística, em 04 de maio.
Rio de Janeiro: IBAM – Recital com Almeida Prado ao piano, Veracini – Mozart – Almeida Prado – Sonata n.º 1 dedicada a Natan Schwartzman, em 12 de maio.
Itatiba: Orquestra Sinfônica de Campinas – regente: Benito Juarez, solista Natan Schwartzman (Concerto de Vieuxtemps), em 17 de maio.
Campinas: Unicamp – Duo violino e viola com Gualberto Estades.

São Paulo: Sesi – Recital com Eudóxia de Barros, Trio de Sergio Vasconcellos Corrêa, com Eudóxia e Del Claro, em 26 de maio.

Campinas: Orquestra Municipal – regente: Benito Juarez, Concerto de Vieuxtemps, em 1º de junho.

São Bernardo do Campo: Recital com Picchi ao piano, em 03 de junho.

Campinas: Centro de Ciências Letras e Artes – Recital com Almeida Prado ao piano, em 09 de junho.

São Paulo: Comemoração do 70 anos do Teatro Municipal – Recital com Picchi ao piano, em 12 de julho.

Jaguariuna: Sinfônica de Campinas – maestro: Benito Juarez, Solista: Concerto de Vieuxtemps.

Campos de Jordão: Orquestra de Campinas – maestro: Benito Juarez, Solista: Concerto de Vieuxtemps, em 25 de julho.

São Paulo: MASP – Recital com Almeida Prado ao piano, em 19 de setembro.

Ribeirão Preto: Orquestra de Ribeirão Preto – regente: Diogo Pacheco, Solista: Romance em Fá de Beethoven, em 19 de setembro.

São Simão: Orquestra de Ribeirão Preto – maestro: Puppo Nogueira, Solista: Romance em fá opus 50 Beethoven, em 20 de setembro.

São Paulo: Orquestra Sinfônica Brasileira – maestro: Isaac Karabtchevsky, Solista: Concerto de Mendelssohn, em 15 de novembro.

Rio de Janeiro: Sala Cecília Meirelles – Recital com Laís de Souza Brasil ao piano, em 17 de novembro.

Porto Alegre: Orquestra Sinfônica de Porto Alegre – maestro: Tulio Belardi, Solista: Concerto de Mendelssohn, em 24 de novembro.

São Luiz do Paraitinga: Solista Orquestra de Guarulhos – regente: Nasari Campos – Romance em fá de Beethoven, em 07 de dezembro.

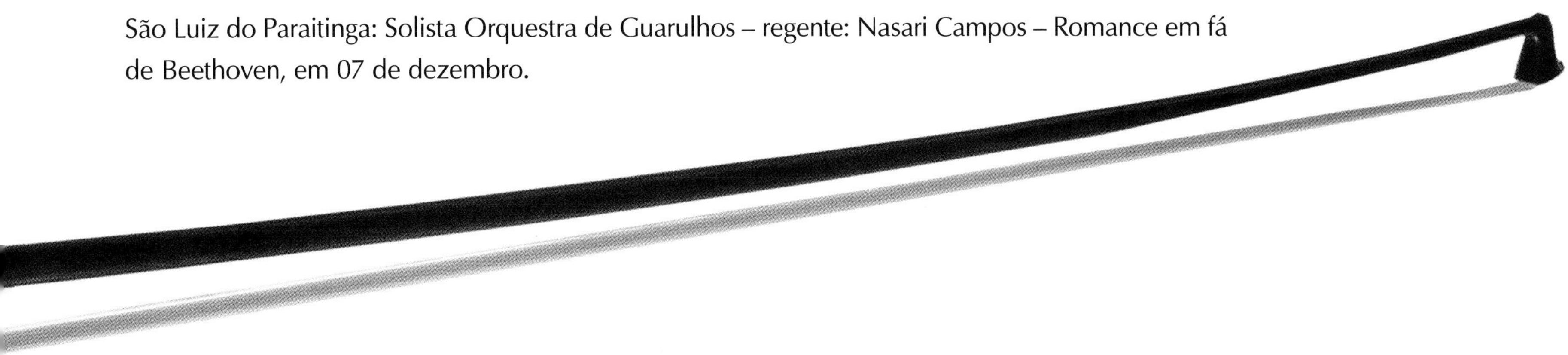

1982

Guarujá: Solista Orquestra de Verão – regente: Bernardo Federowsky, em 22 de janeiro.

Araçatuba: Recital com Cecília Raab Forastieri, em 21 de março.

Campinas: Unicamp – Orquestra de Campinas – regente: Benito Juarez – Concerto n.º4 de Vieuxtemps, em 19 de abril.

São Paulo: A Hebraica – Uma noite com Vivaldi – Solistas: Natan Schwartzman, Ayrton Pinto, Paulo Bosisio, Erich Lehninger, em 22 de abril.

São Paulo: Centro Cultural – Recital com Laís Kauffmann, em 17 de junho.

Rio de Janeiro: Sala Cecília Meirelles – Recital com Picchi, em 25 de junho.

São Paulo: MASP – Três músicos e Beethoven – Natan Schwartzman, Giuliano Montini e Del Claro, em 07 de julho.

Taubaté: Recital no Country Club, em 15 de julho.

Jaboticabal: Recital com Laís Kauffmann ao piano, em 17 de julho.

Piracicaba: Recital

Ribeirão Preto: Orquestra de Ribeirão Preto – Solista no Concerto de Mendelssohn, em 10 de setembro.

Rio de Janeiro: Sala Cecília Meirelles- Recital com Ilze Trindade – Haendel – Brahms – Cesar Franck, em 13 de outubro.

Porto Alegre: Solista da Orquestra Sinfônica – maestro Arlindo Teixeira – Concerto de Hekel Tavares, em 19 de outubro.

Santos: Orquestra Sinfônica de Santos – maestro Bruno Rocella, Concerto para dois violinos de Bach – Natan Schwartzman e Adelci Paulino, em 05 de novembro.

Santos: Entrega do prêmio Robalo de Ouro, em 06 de novembro.

Brasília: Teatro Martins Pena – Recital com Paulo Affonso de Moura Ferreira ao piano, em 13 de dezembro.

Campinas: Orquestra Municipal – regente: Benito Juarez – Concerto em Mi Maior de Bach, em 16 de dezembro.

Tatuí: Teatro Procópio Ferreira – Recital com Acchile Picchi ao piano, em 18 de dezembro.

1983

Araraquara: Recital com Acchile Picchi, em 14 de janeiro.
São Paulo: Orquestra Estadual – Shopping Center Eldorado - regente: Diogo Pacheco – Concerto Hekel Tavares, em 16 de janeiro.
São Paulo: FAAP – Recital com Picchi, em 18 de janeiro.
Águas de Lindóia: Recital com Picchi, em 23 de janeiro.
São Paulo: Auditório da Fundação Oscar Americano – Recital com Fernando Lopes ao piano, em 06 de março.

Projeto Paganini: Idealizado pelo Banco Safra, com o objetivo de homenagear Paganini, o maior violinista dos séculos XVIII e XIX em seus 200 anos de seu nascimento (1782), com de 10 recitais nas cidades de Piracicaba, Uberlândia, Campinas, Londrina, Vitória, Niterói, Santos, Belém do Pará, Ribeirão Preto e Natal.
Natan Schwartzman, convidado pelo Banco Safra para efetuar essa homenagem foi acompanhado ao piano por Eny da Rocha, Acchile Picchi e Fernando Lopes.

Ribeirão Preto: SESC – Recital com Picchi ao piano, em 23 de abril.
São Paulo: Club Atlético Paulistano – Recital com Picchi ao piano, em 04 de maio.
São Paulo: Festival do 10º aniversário da Orquestra Sinfônica Estadual. Programa: Encantamento – Sonata n.º 4 de Guarnieri, Capricho Rústico e Sonata em mi menor de Souza Lima.
Natan ao violino com Picchi ao piano, em 11 de maio.
Uberaba: Recital com Eny da Rocha ao piano, em 13 de maio.
Assunção, Paraguai: Recital com Fernando Lopes ao piano, em 21 de maio.
São Paulo: Sesi – Recital com Eny da Rocha ao piano, em 31 de maio.
Ribeirão Preto: SESC – Recital com Eny da Rocha ao piano, em 25 de junho.
Lindóia – Tamoyo Hotel: Trio com Fernando Lopes e Ivo Meyer, em 1º de julho.

Uberlândia: Recital com Acchile Picchi ao piano, em 06 de agosto.
Campinas: Recital com Acchile Picchi ao piano, em 03 de setembro.
Vitória: Recital com Acchile Picchi ao piano, em 22 de setembro.
Santos: Quarteto Martins Fontes – Recital didático, em 27 de setembro.
São Paulo: A Hebraica – Concerto à luz de velas com Laís Kauffmann ao piano, em 28 de setembro.
Santos: Teatro Municipal – Recital com Acchile Picchi ao piano, em 04 de novembro.

1984

Projeto Paganini: As cidades que receberam os artistas Natan Schwartzman e Acchile Picchi foram: Londrina, Sorocaba, Blumenau, Caxias do Sul, Belém, Natal, Goiânia, Niterói, Piracicaba.
Em cada programa incluía-se as seguintes composições de Paganini: Cantabile, La Campanella, Tema e variação na 4ª corda Paganiniana de Milstein sobre temas dos Caprichos e Concerto n.º 1 do imortal Genovês.
Campinas: Recital pela CPFL – ao piano Picchi, em 8 de abril.
Brasília: Sala Villa Lobos – solista da Orquestra do Teatro Nacional de Brasília, maestro: Piero Bastianelli, em 28 de abril.
Jaú: Recital com Picchi ao piano.
Votuporanga: Recital com Picchi.
São Paulo: Solista da OSESP – regente: Eleazar de Carvalho, no Estacionamento do Shopping Eldorado - Concerto de Mendelssohn.
Campinas: Solista da Orquestra Sinfônica de Campinas – regente: Roberto Tibiriçá, estreia, em 10 de agosto.
Sorocaba: Solista da Orquestra – regente: Pedro Cameron, em 14 de agosto.
Porto Alegre: Solista da Sinfônica de Porto Alegre – Concerto de Hekel Tavares, regente: Colarusso, em 4 de setembro.
São Paulo: Sesi – Recital com Picchi, em 18 de setembro.
São Paulo: Solista OSESP – regente: Colarusso no Teatro Cultura Artística, em 15 de outubro.

1985

Campinas: Solista da Orquestra Sinfônica – regente: Benito Juarez – Concerto de Bach em Mi Maior, em 31 de março.
São Paulo: Solista da Orquestra Sinfônica – regente: Benito Juarez – Concerto de Bach em Mi Maior, em 1º de abril.
São Paulo: Recital com Picchi, no Teatro Paulo Eiró, em 20 de abril.
Campinas: Recital – conferência, em 15 de maio.
São Paulo: Recital beneficente para a CIP, em 12 de junho.
São José dos Campos: Recital – conferência, em 14 de junho.
São Paulo: Recital no Clube Sírio Libanês, em 20 de junho.
Piracicaba: Festival de Música Erudita com a pianista Bridget Moura Castro, em 30 de junho.
São Paulo: Maksoud Plaza Hotel – Recital com Picchi, patrocínio: Azaléia, em 1º de julho.
Campos de Jordão: Festival de Inverno – Recital com Picchi, em 20 de julho.
Santos: Faculdades Santa Cecília – Recital conferência sobre os 300 anos de Bach, em 16 de agosto.
Ribeirão Preto: SESC – Recital conferência sobre os 300 anos de Bach.
Niterói: Recital Paganini com Picchi ao piano, em 31 de outubro.
Mococa: Recital com Egle Zamarian ao piano, em 25 de novembro.
São Paulo: Solista Orquestra Sinfônica Municipal – Concerto de Hekel Tavares, maestro: Ronaldo Bologna, em 29 de novembro.
São Paulo: Solista Orquestra Sinfônica Municipal – Concerto de Hekel Tavares, maestro: Ronaldo Bologna, em 1º de dezembro.
São Paulo: Recital n' A Manchete, ao piano: Almeida Prado, em 18 de dezembro.

1986

São Paulo: Solista da Orquestra Estadual – regente: Tulio Colacciopo – Concerto de Max Bruch, em 23 de junho.

Ribeirão Preto: Concerto com a Orquestra Sinfônica de Ribeirão Preto – Concerto de Max Bruch, maestro: Marcos Pupo Nogueira, em 27 de junho.
São Paulo: Recital no Teatro Popular do Sesi, pianista: Bernadete Sampaio, em 12 de agosto.
São João da Boa Vista: Semana Guiomar Novaes – Recital com Egle Zamarian ao piano, em 03 de setembro.
Campinas: Recital de formatura dos alunos do professor Natan Schwartzman na Unicamp, em 24 de novembro.

1987

Campinas: Recital com Mauricy Martin ao piano, no Instituto de Artes na Unicamp, em 24 de março.
Santos: Teatro Municipal de Santos – Entrega do Prêmio Robalo de Ouro, em 25 de maio.
São Paulo: Teatro Popular do Sesi – Recital com Guida Borghoff ao piano, em 07 de junho.
São Paulo: Recital no Instituto de Engenharia, Gloria Machado ao piano, em 11 de junho.
Piracicaba: Membro da banca julgadora do Concurso para instrumentistas, em 26 de junho.
São Paulo: Solista da OSESP, maestro: Eleazar de Carvalho – Concerto de Hekel Tavares, em 10 de agosto.
São Paulo: Recital na Fundação Maria Luiza e Oscar Americano, Acchile Picchi ao piano, em 20 de setembro.
Campinas: Recital na Unicamp com Gislene Natera ao piano, em 26 de outubro.

1988

Trio para piano, violino e violoncelo de Mendelssohn, opus 49, Fernando Lopes, piano – Natan Schwartzman, violino – Antonio Del Claro, violoncelo, em 30 de março.
Início das programações na Rádio Cultura sobre violino e violinistas. Heifetz em 13 apresentações seguindo-se Grandes violinistas, Paganini e a Quintessência da arte violinística, em 06 de maio.
Solista Orquestra Sinfônica Municipal – Concerto em Mi Maior de Bach – maestro: Sergio Magnani, em 23 de maio.
Recital no Sesi com Fernando Lopes ao piano, em 04 de outubro.

Recital na Associação dos Médicos de Santos com Fernando Lopes ao piano, em 17 de outubro.
Recital na CIP com Picchi ao piano, em 21 de dezembro.

1989

Piracicaba: Festival de Música Erudita, de 22 de junho a 1º de julho.
São José do Rio Pardo: Recital solo, em 04 de agosto.
Mococa: Recital, em 05 de agosto.
São Paulo: Centro Cultural do Clube Militar, Recital com Guida Borghoff ao piano, em 17 de agosto.
São Joaquim da Barra: Recital solo, em 25 de agosto.
Recital Conferência na Unicamp, em 06 de novembro.

1990

Homenagem da Orquestra Sinfônica de Campinas pelos 60 anos de Natan Schwartzman, o qual tocou Vieuxtemps e Hekel Tavares, em 29 de abril.
Santos: Prêmio Robalo de Ouro, em 30 de maio.
São Paulo: Loja Tiradentes (B'nai-Brith), em 07 de junho.
São Paulo: Museu Maria Luiza e Oscar Americano, Recital acompanhado ao piano por Daisy de Lucca, em 26 de agosto.
São Paulo: Teatro Popular do SESI, Recital - ao piano: Daisy de Lucca, em 11 de setembro.
São Paulo: Recital no MASP – ao piano: Maria José Carrasqueira, em 12 de setembro.
Araraquara: Recital com Daisy de Lucca ao piano, em 21 de outubro.
São Paulo: Obras de Osvaldo Lacerda, Recital com Eudóxia de Barros ao piano, em 27 de novembro.

1991

São Paulo: Recital na Casa de Anchieta com Eudóxia de Barros ao piano, em 28 de abril.
Ano Mozart 1991: Sociedade Hípica de Campinas, Programa Mozart: Natan – Fernando Lopes – Paulo Taccetti – Gualberto Estades, em 22 de maio.
São Paulo: "Manchete" homenageia o Hospital Albert Einstein pelos seus 20 anos de atividades. Natan e o pianista Moreira Lima, em 29 de agosto.
Santos: Homenagem à Mozart – Natan, Adelci Paulino, George Kiszely e Paulo Taccetti, em 25 de setembro.
São Paulo: Clube Pinheiros – Homenagem à Mozart: Natan – Daisy de Lucca – Alberto Jaffé e Paulo Taccetti, em 08 de novembro.
Araraquara: Festival Mozart – Natan – Daisy de Lucca – Alberto Jaffé e Paulo Taccetti, em 18 de novembro.
São Paulo: SESC Pompéia – Festival Mozart com Natan, Acchile Picchi e Paulo Taccetti, em 13 de dezembro.

1992

Araraquara: Recital com Picchi ao piano, em 26 de março.
Campinas: Unicamp – Música de Câmara com Natan, Gualberto Estades, Carlos Carvalho e Paulo Justi, em 21 de maio.
Curitiba: Recital com Vania Pimentel ao piano, em 02 de junho.
São Paulo: MASP – Recital com Picchi ao piano, em 22 de julho.
Concertos do Meio-dia
São Paulo: Casa das Rosas – Recital com Eny da Rocha ao piano, em 13 de novembro.
São Paulo: Museu da Casa Brasileira – Recital com Eny da Rocha ao piano, em 18 de novembro.

1993

São Paulo: Início da série "Antonio Stradivarius" em 13 programas na Rádio Cultura, em Abril.
São Paulo: Biblioteca Municipal – Recital com Marina Brandão ao piano, em 12 de maio.
São Paulo: Recital na Fundação Oscar Americano com Picchi ao piano, em 28 de julho.
Piracicaba: Membro da banca julgadora no concurso de jovens instrumentistas, nos dias 05, 06 e 07 de agosto.
São Paulo: Recital patrocinado pelo Banco de Boston, com Picchi ao piano, em 27 de agosto.
Águas de Lindóia: Recital com Marina Brandão ao piano, em 16 de outubro.
Juiz de Fora, Minas Gerais: Recital com Picchi ao piano. Membro da comissão julgadora do Concurso Nacional de Cordas, no mês de novembro.
São Paulo: Museu Oscar Americano – Composições de Almeida Prado – Natan com Almeida Prado ao piano, em 24 de novembro.
São Paulo: Recital na B'nai Brith com Almeida Prado ao piano tocando em 1ª audição sua composição "Balada", em 05 de dezembro.
São Paulo: USP – Recital dos professores do Departamento de Música – acompanhador: José Eduardo Martins, em 16 de dezembro.

1994

São Paulo: Recital na Fundação Oscar Americano com Picchi ao piano, em 28 de agosto, às 11 horas da manhã.
São Paulo: Na'amat – Recital para a Organização das Pioneiras de Cultura e Beneficência, no Teatro Anne Franck, em 28 de agosto, às 21 horas.
São Paulo: Congresso Paulista de Medicina, em 19 de outubro.
São Paulo: Recital dos professores de música da USP, em 16 de dezembro.

1995

São Paulo: Teatro Municipal – Recital com Picchi ao piano – Concerto do Meio-dia, em 31 de março.
São Paulo: Entrevista com o Maestro Yehudi Menuhin, em 08 de julho.
São Paulo: Recital n´ A Hebraica com Picchi ao piano, em 20 de agosto.
São Paulo: Recital para a Wizo, em 24 de outubro.

1996

Rio de Janeiro: Exibição de vídeo sobre a vida da professora Paulina d'Ambrosio na Escola Nacional de Música, no Largo da Lapa. Presentes seus alunos: Natan, Mauricia Iacovino, Alda Borghet, Vicente Tropia, Aizik Geller, Flinkas, Federowsky, Herman Mendlovicz, Cenira, Marinuzzi, José Mattos e Helcio Benevides Soares.
São Paulo: Recital no Maksoud Plaza na "Jornada de Anestesiologia", com Natan, Picchi, Marcelo Jaffé e Taccetti, em 06 de junho.
São Paulo: Concertos do Meio-dia – Salão Nobre do Teatro Municipal, Recital com Picchi ao piano, em 12 de junho.
São Paulo: Teatro Paulo Eiró, Recital com Picchi ao piano, em 26 de junho.
São Paulo: Teatro João Caetano, Recital com Picchi ao piano, em 28 de junho.
São Paulo: Teatro Arthur Azevedo, Recital com Picchi ao piano, em 30 de junho.
São Paulo: Teatro SESC, Recital com Helder Araújo ao piano, em 1º de agosto.
São José do Rio Preto: Recital com Helder Araujo ao piano, em 22 de agosto.
São Paulo: SESC Pinheiros, Recital solo, em 12 de setembro.
São Paulo: Memorial da America Latina, comemorando 46 anos da televisão no Brasil – Recital, ao piano: Said Tuma, em 09 de outubro.
São Paulo: Recital n´ A Hebraica com Picchi ao piano, em 10 de novembro.

1997

São Paulo: Teatro João Caetano – Recital com Picchi ao piano, 14 de março.
São Paulo: Teatro Paulo Eiró – Recital com Picchi ao piano, 15 de março.
São Paulo: Teatro Arthur Azevedo – Recital com Picchi ao piano, 16 de março.

De 1998 à 2005, seguem-se recitais e duas atuações como solista: uma com a Orquestra de Bragança Paulista, sob a regência de Eduardo Ostergreen e a outra com a Orquestra de Médicos do Hospital Albert Einstein, regida por Wenceslau Nasari Campos.

08/12/2005

Derradeiro concerto da carreira, realizado no Teatro Renaissance em São Paulo.

Impresso no verão de 2010, pela RR Donnelley Editora e Gráfica